©홍승용

웰컴 투 독도문방구

김민정 지음

남해의봄날

프롤로그
살아남은 뒤의 고백

2014년 여름, 우연처럼 필연처럼 울릉도에 독도문방구를 열었다. 이름은 '문방구'이지만 학교 앞 문방구라면 당연히 팔 실내화, 체육복은 없다. 문방구 앞 뽑기 기계도 없다. 독도문방구는 독도와 울릉도를 기념할 만한 문구류부터 패션용품, 디자인 상품을 직접 제작해서 판매하고 있다.

독도문방구를 열고 어느덧 10년이 넘는 세월이 흘렀다. 서울에서 영화 마케터로 경력을 쌓았지만 사업은 처음이라 독도문방구 운영이 막막하기 그지없던 나는 책에 모든 해답이 있기라도 하듯 온갖 책을 섭렵하기 시작했다. 그때 남해의봄날에서 나온 책을 읽었다. 저마다 확고한 철학을 지닌 소셜벤처 이야기, 제주도로 떠나 자신만의 작은 브랜드를 시작한 사람들의 이야기 등 한 권 한 권을 독파하다가 한 책을 만났다. 도쿄의 대기업을 떠나 외딴섬에 당도한 청년들이 섬에서 브랜드를 구축해 나가는 이야기를 담은 〈우리는 섬에서 미래를 보았다〉이다. 일면식도 없는 이 출판사가 나에게 길을 알려 주는 것 같았다.

그러던 어느 날, 호감을 품고 있던 남해의봄날에 문을

두드리는 계기가 생겼다. 당시 울릉도의 한 기자분이 SNS에 울릉도 취재기를 올리고 있었는데, 그 이야기가 이대로 휘발되어 사라지면 안 되겠다는 다급한 마음이 든 것이다. 기자님의 그 글을 모아 다짜고짜 남해의봄날로 출간 제안 메일을 보냈다. 출판사의 미팅 제안에 아직 돌도 지나지 않은 둘째 아들을 아기띠에 둘러메고 길을 나섰다. 울릉도에서 배를 타고 넘실대는 바다 건너 포항으로, 그리고 다시 통영으로 찾아갔다.

남해의봄날이 자리한 통영의 봉수골은 참 작은 동네였다. 관광지와는 훌쩍 떨어진 동네에 서점을 짓고 출판사를 영위하는 사람들이 있다는 사실에 나는 큰 감명을 받았다. 비록 기자님의 책 출간은 불발되었지만, 그 자리에서 뜻밖의 제안을 받았다.

"독도문방구의 이야기를 잘 기록해 두었다가 언젠가 책으로 내 보면 좋겠어요."

그리고 2년 뒤, 이제 정말 책을 집필해 보자며 편집자에게 연락이 왔다.

내 이야기를 책으로 쓴다는 건 단 한 번도 생각해 본 적이 없었다. 아직 독도문방구를 운영한 지 몇 년 되지도 않은 내가 책이라니! 내 사업이 대박난 것도, 대기업 투자를 받은 것도 아닌데…. 내 이야기를 사람들이 궁금해할까?

이 책을 완성하는 데 갓난아이였던 둘째가 학교에 입학할 만큼의 시간이 흘렀다. 이렇게 오래 걸릴 줄은 나도 몰랐고 아마 출판사에서도 몰랐기에 제안했을 것이다. 소설이나 책의 서문에 항상 편집자에게 감사와 미안함을 표현하는 작가들의 마음을 이제야 나도 알 것 같다. 근 8여 년을 매주, 매달, 언제까지 기한을 주며 나를 독려하고 채근했다. 아이들 방학이면 단 한 글자도 못 쓰고 또 성수기라 못 쓰고 이 핑계 저 핑계를 대며 8년 동안 한 장씩 두 장씩 쓴 글이다. 그 시간 동안 나도, 출판사도 버티고 살아남았다는 사실이, 무엇보다도 큰 위안이 된다.

  아무것도 몰랐기에 맨땅에 헤딩하듯 10년을 지나왔다. 독도문방구는 울릉도에 있지만 울릉도 주민에 한정되지 않고 전국에서 손님들이 찾아온다. 그렇기에 도시 사람들의 유행에 예민할 수밖에 없고, 정권이 바뀔 때마다 기조가 변하는 독도의 상황을 기민하게 살피며 살아가야 한다. 거기에 더불어 전 세계를 뒤흔들었던 팬데믹과 AI 시대로의 변화까지, 안절부절하며 지냈던 시간들이 이제와 돌아보니 이렇게나 빠르게 흘렀다니 감회가 새롭다. 내가 책으로 나에게 없는 것들을 배우려 했듯, 나의 이 고군분투가 누군가에게 조금이라도 희망과 위로, 도움이 될 수 있길 바란다.

프롤로그 — 살아남은 뒤의 고백 * 5

1장 * 다시 울릉도에서

울릉도에 살고 있습니다 * 13
유학 가는 아이들 * 15
다시 돌아가고 싶지 않았던 고향으로
　* 19
외따로 떨어진 별세계 * 23
원정 출산 * 26
울릉도에서 아이를 키운다는 것 * 30
엄마들의 사회생활 * 33
독도 너는 내 운명 * 38
독도 강치를 아시나요 * 41
개봉박두 * 44
독도에 빚지다 * 48
오징어, 호박엿 그리고 독도문방구
　* 52
태풍 속으로 * 57
+
울릉도와 독도를 만나는
　여러 가지 방법 * 62
울릉도를 충분히 만끽하는 법 * 64

2장 * 알수록 깊어지는 마음

사회적기업? 그게 뭐죠? * 69
이 작은 가게를 주식회사로
　만들라고요? * 74
대한민국에서 가장 눈이 많이
　내리는 섬 * 78
보물섬 플리마켓 * 83
도장 깨기? 아니 공장 깨기 * 88
아이와 함께 출근하는 하루 * 92
계속하게 만드는 힘 * 96
첫 콜라보레이션 * 100
울릉도의 봄과 여름 * 105
독도문방구의 스테디셀러 * 108
우리의 정체성 * 111
애증의 독도 강치 인형 * 114
팬데믹의 울릉도 * 118
그래도 살아간다 * 121
강치가 나타났다! * 124
+
울릉도 멀미약 명가 소개 * 126
독도 입도에 성공하는 법 * 127

3장 * 계속해야 하는 이유

뉴트로 독도문방구 * 131
호사다마 * 135
울릉도를 담은 굿즈 * 139
첫 아르바이트생 * 144
울릉도를 채우는 청년들 * 147
지구를 생각하는 소비 * 149
일과 가정 사이 * 154
독도의 날 * 157
울릉도에 불어온 바람 * 161
로컬의 힘! * 166
툰베리와 플로깅 * 169
내향인 문방구 주인의 손님 접객법
　* 172
천국과 지옥 사이 팝업스토어 * 175
울릉도 안 개구리 * 180
독도문방구, 직원 채용! * 184
폭풍은 뒤늦게 알아차리는 법 * 186
울릉 주모 탄생 * 191
매력적인 동네를 만든다는 것 * 195
내가 울릉도로 온 이유 * 198
+
여행은 역시 지역의 맛을
　즐겨야 하는 법 * 202

에필로그 – 오래도록 문방구를
　지키는 할머니 * 205

다시 울릉도에서

울릉도에 살고 있습니다

나는 5대째 울릉도에 살고 있는 토박이다.
 이 말을 스스로 먼저 꺼내는 데까지 약 20여 년이 걸린 것 같다. 울릉도 출신이라는 사실이 '시골 사람' 인증 같아서 먼저 말하기가 싫었다.
 많은 사람이 울릉도를 독도의 유일한 관문으로 기억한다. 대한민국 사람이라면 누구나 다 아는 노래도 있지 않은가. "울릉도 동남쪽 뱃길 따라 200리"만 가면 대한민국 최동단이라는 "우리 땅" 독도가 있다.
 뭍사람들에게는 워낙 멀게만 느껴지는 곳이라 내가 울릉도에 산다고 말하면 대부분 사람들의 눈이 휘둥그레진다. 그리곤 '어떻게(어쩌다)' '그(런)' 곳에서 살게 되었는지, 살아가는 데 불편함은 없는지 궁금해한다. 어렸을 적엔 이런 반응 하나하나가 나를 부끄럽게 했다.
 당연하지만 울릉도에도 사람이 산다. 독도, 관음도, 울릉도 등 주변 여러 섬들을 아우르고 있는 울릉군은 대한민국에서 가장 작은, 그리고 유일하게 섬들로만 이루어진 기초자치단체다. 인구는 만 명이 채 되지 않는다.

때론 '신비의 섬'이라는 환상을 품고 울릉도를 찾는 사람들도 있다. 이곳에서 살아가는 나는 신비까지는 모르겠지만, 어린 시절의 몇몇 풍경은 뇌리에 사진처럼 선명하게 각인되어 있다.

여름이면 방과 후에 수영복만 갈아입고 바다로 풍덩 뛰어들었다가 시커멓게 타서 화끈거리고 쓰라린 피부 때문에 아파서 징징대는 게 연례행사였고, 물에 빠져 바닷물을 먹고 숨이 꼴깍꼴깍 넘어가 죽을 뻔했던 기억도 선명하다. 어른 키보다 높게 쌓인 눈으로 휴교령이 내린 날, 집 앞에서 삽으로 썰매를 타던 기억. 태풍이 불면 배들을 밧줄로 매어 뭍으로 끌어올리는 작업을 하던 아저씨들의 노랫소리. 그중 무엇보다 선명한 장면은 배가 떠나고 사람들이 썰물처럼 빠져나간 텅 빈 부두에서 바람에 머리카락이 산발이 되도록 하염없이 자전거를 타며 시간을 죽이고 있는 내 모습이다.

"벗어나고 싶다."

사방이 바다로 막힌 울릉도를 떠나 길이 끊임없이 이어지는 곳으로 가고 싶다고 되뇌던 그날의 기분은 내 마음 한편에 여전히 오롯이 남아 있다.

섬에서 나고 자란 사람이라면 누구나 이 마음을 알 것이다. 어린 시절에는 답답증을 느껴 하루빨리 이 섬을 떠나고만 싶었다. 마치 우주여행을 동경하는 것처럼, 불가능한 일을 염원하듯 간절했다.

유학 가는 아이들

울릉도는 우리나라에서 아홉 번째로 큰 섬이다. 울릉도 전역에 네 개의 초등학교, 한 개의 중학교, 그리고 한 개의 고등학교가 있다. 지금은 아이들 수가 많이 줄어 한 학급에 20명을 겨우 채울까 말까 한 수준이지만, 내가 자랄 때만 해도 각 학년에 2학급, 3학급이 만들어질 정도로 아이들이 많았다. 육지를 동경하는 아이들은 수학여행을 손꼽아 기다렸지만, 1박 2일 동안 나리분지까지 걸어서 울릉도 일주를 하며 야영하는 것이 울릉도식 수학여행이었다. 그래서 어린 시절 TV에 경주가 나오거나 드라마에 수학여행 일화가 나오면 '나도 경주에, 불국사에 가 볼 수 있을까? 수학여행을 육지로 갈 순 없을까?' 꿈꾸곤 했다.

그땐 울릉도에 오징어가 흔하던 시절이라 '개도 만 원짜리를 물고 다닌다'는 말이 나올 만큼 섬의 경제력도 풍족했다. 경제적 여유가 생기니 교육열이 불기 시작했고, 주변 친구들이 전학을 간다, 이사를 간다 하며 한바탕 육지 바람이 불었다. 섬을 떠나 뭍으로 가는 아이들이 얼마나 부러웠는지 모른다. 그런 내게도 곧 기회가 찾아왔다.

나는 다소 이르게, 초등학교 4학년 때 부산으로 '유학'을 떠났다. 낯선 동네에서 길을 잃을까 봐, 학업에 뒤처질까 봐, 사투리로 놀림 받을까 봐 어린 나이에도 걱정이 밀려들었다. 잘해야 한다는 강박으로 모든 일에 긴장했다. 그 당시엔 오히려 공부가 가장 쉬웠다. 그래서 초등학교 6학년까지 나는 울릉도에서 온 모범생으로 자리매김했다.

문제는 사춘기가 시작된 중학생 때 터져 나왔다. 주변을 둘러보면 나만 부모와 떨어져서 힘든 게 억울했고, 잘해야 한다는 압박감은 반항심으로 돌변했다. 학교와 집만 오가던 모범생 딸이 중학생이 되더니 주말마다 친구들과 쇼핑을 한답시고 시내를 활보하며 돌아다니고 나날이 성적이 떨어지니 부모님도 놀라 몇 번이나 집안 회의가 열렸다.

학교 선생님은 부모의 부재가 나를 이렇게 만든 것 같다며 울릉도에 있는 부모님을 호출했고, 결국 부모님은 기러기 가족이 되기로 결정하며 엄마는 부산에, 아빠는 울릉도에 있는 생활이 시작되었다. 그리고 얼마 뒤, 울릉도에 혼자 계시던 아빠가 뇌졸중으로 쓰러졌다.

내가 고3이 되어서야 아빠는 퇴원을 했다. 집으로 돌아온 아빠는 오른손과 다리가 다 마비되어 예전의 모습이 아니었다. 혼자서는 거동을 할 수 없어 엄마는 집에 돌아와서도 오롯이 아빠를 돌보는 일에 매진했다.

아픈 가족이 있는 집이라면 알 것이다. 집에 손님이 오는

* 16

일도, 크고 작은 행사도, 외식도 모두 사치가 된다. 무거운 공기, 대화 없이 조용한 집안 분위기 속에서 나는 십 대 후반을 보냈다.

그 시절, 나를 위로하는 유일한 건 바로 영화였다. 1996년 국내 첫 국제영화제인 '부산국제영화제'가 열렸다. 영화 〈쉬리〉를 시작으로 한국형 블록버스터 영화들이 봇물 터지듯 등장했고, 부산 배경의 영화 〈친구〉가 500만 관객을 돌파하며 바야흐로 한국 영화의 전성기가 시작되었다. 부산국제영화제 기간이면 남포동에 몽마르트르에나 있을 법한 초상화 화가들이 자리를 잡았고, 대낮부터 수입 캔맥주를 손에 든 외국인들과 타투를 한 젊은이들이 등장했다. 그 분위기가 어찌나 자유롭고 멋있어 보였는지 모른다.

남들과 다른 영화 취향을 가지고, 남들과 다른 영화를 보러 다니며 "그 영화는 말이야" 하며 얘기하는 게 좋아 나는 점점 더 영화에 깊이 빠져들었다. 클래식 영화에 대한 기본 지식도, 영화사에 대한 이해도 없었지만 5월이면 전주영화제, 초여름이면 제천영화제, 한여름이면 부천판타스틱영화제를 쫓아다녔고, 주말에는 심야버스를 타고 피시방에서 쪽잠을 자며 서너 편씩 연달아 상영하는 영화를 보고 돌아오는 것이 그 당시 나의 가장 큰 탈출구였다. 아빠가 뇌졸중으로 집에만 계신 것이 못내 마음에 부대꼈던 것일 수도 있고, 어린 시절 변변한 문화생활을 하지 못했다는 혼자만의 자격지심이 나를 자극한 것일 수도 있다. 이유가 무엇이든 나는 영화에 속수무책으로 빠져들었다.

~~~
다시 돌아가고 싶지 않았던 고향으로

자연스럽게 영화 업계로 진로를 정한 나는 서울의 영화홍보사에 취직했다. 인터넷 매체가 지금처럼 활성화되어 있지 않던 시절, 5대 일간지의 지면에 영화평이 실리거나 공중파 3사 방송에 영화 관련 소식이 나오는 것이야말로 영화 마케터가 할 수 있는 최고의 홍보 '한 방'이었다. 기자들과 친분을 쌓든, 노오력을 하든, 운이 좋든, 영화 기사를 1단이 아닌 3단이나 5단으로 나게 하는 것. 어찌어찌 전면이나 기획 특집까지 이끌어 내면 '거기 홍보 잘한다'라는 극찬과 함께 능력을 인정받았다.

보도자료는 기본이요, 극장에 비치할 전단, 영화의 얼굴이랄 수 있는 포스터 콘셉트부터 촬영, 제작 조율, 각종 영화 POP, 굿즈 제작, 홈페이지 제작, 시사회, 배우 인터뷰 섭외, 방송 출연 조율까지, 그야말로 한 편의 영화가 완성된 이후 세상에 나오기까지의 모든 과정을 도맡는 게 영화 마케터의 일이다. 특히  포스터와 전단은 마치 영화의 얼굴과 같아서 더 크게, 인쇄 효과를 더 화려하게 하고 싶어 하는 디자이너, 제작비를 절감하고 싶은 프로듀서, 대표 사이에서 마지노선을 조율하는 지난한 과정이었다.

 이 모든 것을 핸들링하고 있다는 책임감과 이중에 무엇 하나 스케줄이 맞지 않아 사고가 날 수 있다는 불확실성이 사람을 들었다 놨다 하는데도 그 몰입과 애착이 마약처럼 나를 일로 끌어당겼다. 심장을 쫄깃쫄깃하게 만드는 긴장과 그 긴장이 끝나 버린 밤들을 나는 사랑했다. 잘 만들어진 영화인데 유명 감독, 배우가 출연한 게 아니라 대중의 관심 밖에 머물면 이 사랑받아 마땅한 자식이 왜 이다지도 사랑을 못 받나, 홍보 탓인가 한탄하며 그 영화를 사랑했다.

 이듬해에는 영화 제작사 마케팅팀으로 이직했다. 청담동 한복판의 사무실로 출근해서 온갖 명품을 협찬 받고, 인터뷰가 끝나면 유명 식당에서 배우와 와인을 마시며 뒤풀이를 했다. 화려한 하루를 마치고 12시가 되면 신데렐라의 마차가 호박으로 돌아오듯 5평 남짓 연남동 원룸으로 돌아오곤 했다.

 영화 산업에 몇백억 원의 자금이 돈다고 하지만, 내 월급은 몇 년째 변하지 않았다. 그래도 영화 업계 어딘가에 내가 소속되어 있다는 것이 나를 행복하게 했다. 컴컴한 극장 실내에서 영화의 엔딩 크레디트에 깨알같이 박힌 내 이름을 보고서야 자리를 떴다. 내 이름이 빛의 속도로 올라가 사라질지언정 그걸 보는 게 좋아 나는 불나방처럼 일을 좇았다.

 그러다 그토록 염원하던 예술 영화 수입·제작사에 발을

들였다. 10년 동안 영화 업계를 전전하는 동안 칸 영화제에
갈 수는 없었지만, 부산국제영화제에서 나도 영화인입네
하고 영화사 출입증을 목에 걸고 각 배급사 저녁 파티를
다니고, 부산에서 학교를 다닌 나보다 더 맛집을 잘 아는 영화
스태프들과 청사포며 기장 연화리에서 술을 마시며, 한국
영화계의 클라이맥스에 나도 함께했다.

 연말에는 회사의 연례행사인 '크리스마스 올나이트
상영회'가 열렸다. 밤새 극장에서 영화 상영을 진행하다
전화기가 꺼졌다. 그 밤에 아빠가 돌아가셨다. 해가 떠서야
집으로 돌아온 나는 크리스마스 아침 삼촌이 현관문을 쿵쿵쿵
두드리는 소리에 일어나 그 소식을 들었다. 망연자실했다.
정신도 없고 그 무엇도 실감나지 않았다.

 장례를 치르며 정신없이 일주일이 지나갔고, 나는 또 3월
개봉 예정인 영화를 맡아 회사로 돌아와 일을 수습하기 바빴다.
그때부터 조금씩, 조금씩 엄마의 우울증이 심각해졌다. 연휴에
엄마 혼자 계신 집에 내려가면 뜯지도 않은 택배 상자들이
거실에 쌓여 있었다. 처음 겪었지만 심상치 않은 일이라는
것만은 알 수 있었다.

 그즈음 나를 갈아 넣으며 다니던 회사에서도 수개월째
월급이 밀려 생활이 암담한 처지였다. 일을 하면서도 엄마에게
생활비를 타 쓰기도 하고, 자존심이 상할 때는 동전을 모아 둔
돼지 저금통을 허물어 교통비로 쓰며 연명했다. 나쁜 일은

연달아 터지는 법인지, 때마침 내가 살던 원룸이 건설회사의 부도로 경매에 부쳐졌다. 어느 날 갑자기 집으로 날아든 법원의 편지, 경매를 알리는 등기우편을 시작으로 모든 일이 폭발하듯 불거졌다.

 미래가 보이지 않았다. 한 달 뒤 회사를 그만두고, 서울 생활을 마감했다. 이사 전날, 서울 생활을 정리하기 싫어 인사불성이 되도록 술을 마시고 취했다. 마음에서 내려놓아야 한다는 것을 인정하기 싫었다. 모든 것이 끝났다고 생각했다.

≋≋≋
외따로 떨어진 별세계

"울릉도에 영화관은 있어요? 피시방은요?"

설마 싶지만 이런 질문을 하는 사람이 진짜 있다. 그 질문에 보란 듯 대꾸하고 싶지만, 울릉도에는 영화관이 없다. 영화를 보려면 강릉이나 포항까지 배를 타고 나가야 한다.

코로나19 팬데믹 이후 세상이 변하고 내가 사랑했던 영화 업계도 천지가 뒤바뀌어 지금은 명실상부 OTT 시대가 되었으니 영화관 없는 것이 무슨 대수냐 할 수도 있다. 하지만 내 십 년치 젊음과 사랑을 몽땅 쏟아부은 지난날을 생각하면, 어두운 영화관에서 스크린에 흐르는 크레디트가 모두 끝날 때까지 자리를 떠나지 못했던 낭만이 가끔 사무치게 그립다.

울릉도에 영화관은 없지만, 한 달에 한 번 군청에서 '문화의 날'이란 명목으로 영화 상영을 한다. 군민을 위한 문화 행사다. 피시방은 한두 개 있고, 마트, 주유소, 편의점 같은 생활 시설은 당연히 다 있다. 버거킹, 맥도날드는 없지만 롯데리아는 있다.

없을 건 없고, 있을 건 다 있는 내 고향. 그토록 떠나고만 싶었던 울릉도로 되돌아왔을 때 낯섦 속에서도 변하지 않은

모습을 발견하고 놀랐다. 부둣가 앞에 줄줄이 붙어 오징어나 나물을 파는 상회들이며 골목들은 어린 시절 기억하던 그대로였다. 부산의 학교로 유학을 떠난 뒤 20년이 지난 2009년에서야 다시 돌아온 고향은, '이 집이 아직도 있다고?' 싶을 정도로 크게 바뀐 것이 없었다.

그러나 향수나 애틋함보다는 당장의 시선을 신경 쓰기에 급급한 나날이었다. 뭔가를 이루지 못하고 고향으로 낙향했다는 사실이 주는 자격지심 때문일까, "영화사 다녔다며? 왜 다시 왔노?" 하는 동네 어르신의 인사말에도 지레 몸이 움츠러들었다. 실패자로 낙인찍히는 듯한 기분이 들어 괜히 더 어깨를 펴고 아무렇지 않은 척했다.

이곳은 육지와 단절된, 외따로 떨어진 별세계 같았다. 답답한 마음도 들었지만 한편으로는 거친 항해를 마치고 한숨 돌릴 수 있는 안전요새처럼 세상사와 동떨어진 채 평안하기 그지없었다. 그 모순된 감정 속에서 매일같이 고민했다.

'내가 다시 울릉도를 떠날 수 있을까? 영화 업계로 돌아갈 수는 있을까?'

미래에 대한 막연한 불안이 엄습했지만, 밀어닥치는 현실의 파도 앞에서 이런 고민은 사치에 불과했다. 적응을 핑계 삼아 쉬는 것도 하루이틀이지, 다 커서 다시 부모 집에 고개를 들이밀고 들어온 내게 더 중요한 건 당장 먹고살 궁리였다.

원정 출산

살아가며 비빌 언덕은 그래도 가족이라고, 결국 내가 선택한 건 엄마와의 동업이었다. 아빠가 울릉도에 소유한 작은 상가가 있어서 '거기선 망해도 인테리어비만 손해 보는 거잖아?' 하는 다소 안일한 생각으로 간이식당을 열었다. 엄마도 나도 식당은커녕 서빙 경험도 없었고, 경력이라곤 그나마 내가 대학생 때 만화 〈미스터 초밥왕〉에 빠져 일식도 아닌 양식 조리기능사 자격증을 딴 게 전부랄까.

그러나 식당이랄 것도 없이, 라면에 멀미약, 음료수나 캔맥주를 파는 부둣가 앞 작은 매점이었으니 보잘 것 없는 경력을 발휘할 일도 없긴 했다. 초장집처럼 회를 떠 오면 초장과 야채를 담아 회를 먹을 수 있는 자리를 내주는 정도가 전부였지만, 그것도 말처럼 쉽지 않았다. 손님은 알아서 찾아오는 게 아니었다. 어판장에서부터 손님들에게 말을 걸어 우리 가게로 끌고 와야 하는데 엄마도 나도 그런 변죽이 전혀 없었다. 손해를 보진 않았지만 우리가 넉살 좋게 장사를 잘하는 사람들이 아니라는 것은 확실히 알 수 있었다.

게다가 엄마와 가게 일로 사흘이 멀다 하고 싸우기 일쑤였다.

결국 2년이 지나서 가게는 다시 세를 주었다. 나는 번번이 '여기서는 못살겠다, 떠나야겠다'라고 마음먹다가도 가끔 어린 시절 동창들과 만나 술 한잔하는 재미로 하루하루를 넘기고 있었다. 그러다 만난 남편과 짧은 연애 끝에 바로 결혼을 했다. 울릉도를 떠나기는커녕 제대로 눌러앉아 버리고 만 것이다!

드디어 부모의 품(잔소리)에서 벗어나 자유로운 신혼의 단꿈을 만끽하나 싶을 찰나에 임신을 했다. 몇 개월의 자유는 출산과 육아로 냉큼 저 멀리 멀어져만 갔다.

지금은 울릉도에 산부인과 의사가 없어 아이를 낳으려면 부산으로 원정 출산을 가야 한다. 내가 임신했던 2010년에는 운 좋게 울릉의료원에 산부인과 공보의가 있었다. 그러나 30대 초부터 고혈압이 있던 나는 임신중독 위험이 있어 의사 선생님이 임신 초기에는 울릉도에서 진료 받더라도 7개월 이후부터는 육지 큰 병원에서 진료를 보는 게 좋겠다고 했다. 예정일은 이듬해 3월이었지만, 여름이 끝날 무렵부터 "가을엔 육지에 나가셔야 해요. 여기서 혹시나 상황 안 좋아지면 큰일 나요"라며 계속 주의를 주었다.

결국 배를 타고 나가 부산에 있는 산부인과에도 다니기 시작했다. 언제 갑자기 날씨가 궂어져 배가 끊길지 모르기 때문에 임신 후반기에는 부산에 머무르는 게 안전했지만 상황이 여의치 않았다. 신혼 때부터 내가 돕고 있던 남편

사무실엔 나를 대신할 경리가 좀처럼 구해지지 않았고, 젊어 대범했던 건지, 무지했기 때문인지 나는 간 크게도 임신 후반까지도 혼자 배를 타고 부산의 산부인과를 다니며 나갈 날짜를 차일피일 미루었다.

그러다 아뿔싸! 9개월 정기 검진을 갔다가 '지금 바로 쓰러질 수도 있을 정도로 혈압이 높으니 당장 입원하라'는 의사 선생님의 말에 아무런 준비도 없이 입원 수속을 밟아야 했다. 잠시 울릉도 집에서 짐이라도 챙겨 오면 안 되겠냐 물었지만 의사 선생님은 단호히 고개를 저었다. 허락을 받을 수 있었던들, 그날부터 며칠간 기상이 나빠 울릉도 가는 배가 뜨지도 않는 상황이었다. 결국 나는 보호자도 없이 바로 입원을 하고 응급수술로 아이를 낳았다.

속옷은커녕 핸드폰 배터리도 없어서 육지에 사는 시댁 형님이 수건이며 슬리퍼 등을 가지고 와 주셨고 남편과 친정 엄마는 며칠 뒤에나 겨우 배가 떠 병원에 올 수 있었다. 그동안 나는 마치 사연 있는 여자처럼 병실에 혼자 누워 있었는데, 아무도 방문하지 않는 산모가 병원에서도 구설에 올랐는지 유독 친절한 간호사와 의사 선생님 덕분에 큰 문제없이 한 달 만에 퇴원했다.

울릉도로 갓난아이를 데리고 돌아가는 길, 유독 더 사나운 동해의 겨울 파도가 극성인 날에 생후 30일이 갓 지난 아이를 안고 흔들리는 배에서 분유를 타는 경험은 그야말로 아찔했다.

하지만 이건 섬에서 아이를 키우는 힘겨움의 예고편에 불과했다.

울릉도에서 아이를 키운다는 것

사람이 변하려면, 환경을 바꾸거나 만나는 사람을 싹 바꿔야 한다고들 한다. 울릉도에 오자 나의 삶은 바뀌었다. 결혼도 그렇지만 출산과 육아는 내가 그 이전의 삶을 전생이라고 부를 만큼 완전히 다른 세계였다. 생활 패턴이 바뀌는 것은 물론, 나는 시나브로 결이 다른 사람이 되어 갔다.

아이가 태어난 건 3월이었는데, 택배 사업을 하는 남편에게 3~4월 나물철은 1년의 수입을 결정할 만큼 중요한 때라 얼굴 볼 시간도 없을 만큼 바빴다. 혼자 육아를 책임지는 일은 맨몸으로 해일을 맞는 기분이었다. 두 시간마다 자고 깨는 아이에 맞춰 밤잠을 못 자는 것이 가장 힘들었다.

주변에 임산부나 아이가 있는 친구가 없어서 임신 때부터 모든 걸 인터넷으로, 책으로 찾아 해결했다. 더욱이 섬이라는 환경은 아이를 키우는 데 어려움이 많았다. 울릉도는 영유아 아기들의 수가 적다 보니, 슈퍼에서 기저귀나 분유를 잘 취급하지 않는다. 미리 여유 있게 한 달 치 분유, 기저귀 등을 쟁여 놓지 않으면 안 된다. 그렇지 않으면 갑작스런 기상 악화로 배가 안 뜰 때 발을 동동 구르며 알음알음 아이 있는 집을 수소문하여 분유를 빌리러 다녀야 하기 때문이다.

　내 일상은 온통 아이에 맞추어 달라졌다. 직장에 다닐 때도 11시에 출근할 정도로 게을렀던 내가 아이의 생체시간에 따라 움직이며 강제로 새벽 기상을 하고 부지런해질 수밖에 없었다. 아이를 재우고 나면 밀린 집안일을 하고, 맘카페에 들락거리며 육아용품을 저렴하게 사는 데 온 에너지를 쏟아부었다.

　잠든 아이 얼굴을 바라볼 때면 온갖 생각이 머릿속을 휘저었다. 자라면서 섬 생활이 답답하지는 않을까? 내가 그랬듯, 육지로 나가 살고 싶어 하지는 않을까?

　자연을 마음껏 누리며 자란 나처럼, 아이도 이 아름다운 곳을 마음껏 뛰어놀 거라 생각하면 마음이 푸근해지는 한편, 고향이 부끄럽지는 않을지, 뭍으로 유학을 보낸다면 몇 살이 좋을지 온갖 상념이 떠올랐다 가라앉기를 반복했다.

　그러면서 지금껏 아무 생각 없었던 울릉도에 대해서도 새삼스럽게 다양한 생각과 감정이 솟구쳤다. 나는 이곳에서 평생 살게 될까?

　아직은 한치 앞도 알 수 없지만, 적어도 아이가 자라는 동안 자연을 누릴 수 있는 환경만큼은 꽤 좋을 것 같았다. 요즘도 수학여행은 나리분지로 가나? 아이가 크면 같이 경주로 여행을 가는 것도 좋겠다.

엄마들의 사회생활

울릉도에서의 삶이 3년이 지나자, 봄에 나물을 사 먹는 건 주부가 할 일이 아닌 것 같았다. 동산에만 올라도 쑥이며 부지깽이, 달래 같은 나물을 그냥 캘 수가 있는데 밭에서 재배한 나물을 사 먹다니! 아이를 언덕에서 놀게 하고 나는 봉지 가득 나물을 뜯는 수렵 채취의 봄을 맞았다.

아이는 하루가 다르게 자라났고, 육아에도 조금 구력이 붙자 다른 데로 눈 돌릴 여유가 생겨났다. 몇몇 친구들은 울릉군청 여성대학을 다니거나 독학으로 인테리어나 목공, 재봉을 배웠고, 나도 베이킹, 목공, 독서 등 종목을 갈아치우며 취미로 즐길 만한 일들을 찾아다녔다.

아이를 키우는 엄마들은 아마 모두 이해할 것이다. 다른 사람과 소통하고 싶고, 불러 주는 곳이 없어도 쓸모없는 사람이 아니란 걸 증명하고 싶은 간절함을. 열심히 SNS에 일상을 기록하고, 맘카페를 들락거리며 애 엄마로서 열심히 살고 있다는 것을 보여 주는 나날이었다.

나만 겪는 일은 아닌지, 인터넷 커뮤니티에는 엄마들이 온갖 경험을 살려 사업으로 확장해 성공한 이야기가 전설처럼 떠돌았다. 결혼과 함께 자신의 커리어를 놓아 버렸지만 아이에게 입힐 옷을 직접 만들다가 블로그가 유명해지며 유아복 사업을 일궈 나간 어느 엄마, 친정 부모가 농사지은 국산 보리로 보리차를 만드는 작은 쇼핑몰의 대표, 유기농 쌀로 아기 간식 '뻥튀기'와 '떡뻥'을 만드는 쇼핑몰 대표, 블로그로 주문을 받아 집에서 재봉틀로 스카프빕을 만드는 엄마.

　이런 이야기를 보고 있노라니 점차 결혼, 출산, 육아로 슬그머니 손 놓아 버렸던 일에 대한 욕심이 떠오르기 시작했다. 그 뒤론 거의 버튼이 눌린 것처럼, 울릉도에서의 모든 경험이 '어라, 이런 걸 사업으로 하면 잘될 텐데' 하는 아이디어로 이어졌다.

　울릉도산 햇오징어나 명이나물, 겨울철 우산고로쇠 수액을 본격적으로 팔아 보면 어떨까? 아니, 울릉도에서 약초와 산나물 먹고 자란 약소를 콘셉트로 브랜드를 만들어 보는 것도 좋겠다. 영화 홍보 일을 하면서 워딩을 만들고, 콘셉트를 잡는 것에는 어느 정도 자신이 있으니 울릉도 특산물로 브랜드를 만들어 사업해도 좋을 것 같았다. 좋은 환경에서 좋은 것들만 먹고 자란 약소를 프리미엄 이유식 재료로 소포장해서 판매하면 엄마들에게 분명 인기가 있을 텐데. 아냐, 이건 생산도 까다롭고 물류비도 만만치 않을 것 같고. 차라리 진짜 식당을 차려 볼까? 영화 〈카모메 식당〉처럼 소박하면서도 깔끔한 정식 가게를 열면 어떨까?

그러다 결국 일을 벌였다. 무수한 아이디어가 무색하게 내가 벌인 일은 사업이 아닌 '벼룩시장'이었다.

어느 날엔가 더 이상 쓰지 않는 아기 용품을 버리려다가, 문득 너무 아깝다는 생각이 들었다. 배변 훈련을 할 때 쓰는 장난감 변기 같은 건 기저귀를 떼는 기간 6개월 정도만 필요한 물건인데 아직도 깨끗한 제품을 그냥 버리려니 '주변에 필요한 애가 있으면 그냥이라도 주련만' 하는 생각이 든 것이다. 더욱이 울릉도는 모든 택배가 배를 타고 들어오기에 '도선료'라는 명목의 추가배송비가 5~7천 원가량 발생한다. 육아용품 중에 가격이 만 원도 안 하는 저렴한 상품에 배송비가 5천 원 이상 붙으니, 어느새 '아는 사람이 있으면 같이 시켜서 나누면 좋을 텐데' 하는 생각이 자연스럽게 들었다. 이사철 무렵 종종 재활용 쓰레기통에 새것 같은 멀쩡한 장난감들이 그냥 버려져 있는 것을 보며 그 생각은 더 깊어졌다.

요즘은 중고 거래 사이트도 많지만, 울릉도 택배 도선료까지 더해 중고품 거래를 할라치면 비싸다며 거래가 불발되기 일쑤에, 아이가 있는데 일일이 택배를 포장해서 택배사로 보내러 가는 일도 번거로웠다.

다른 엄마들도 버리기엔 아까운 장난감들이 많지 않을까? 갑자기 아이가 훅 자라 입히지도 못한 새 옷을 다른 사람에게 나누고 싶은 사람이 나 말고도 또 있지 않을까? 우선은 나의 필요에 의해 벼룩시장을 열어 보기로 했다.

"우리 모여 봐요."

빈 종이에 아이 작은 옷, 중고 장난감을 나눠 보자고 매직으로 써서 읍내 버스정류장 대여섯 곳에 붙이고, 울릉도 정보의 집합소라 할 수 있는 울릉군청 게시판에도 글을 남겼다.

나처럼 이렇다 할 동네 정보도 모르고, 주변에 아는 사람도 없는 육지에서 시집 온 엄마들, 단기로 울릉도로 발령난 남편을 따라온 엄마들이 10~20여 명 모이기 시작했다. 그렇게 환절기 즈음 옷장을 뒤집을 때가 되면 내 맘대로 주기로 울릉도 실내체육관에서 조용히 벼룩시장을 열었다.

알고 보니 그들도 나처럼 구입할 데가 없으니 집에서 직접 빵을 굽고, 재봉틀을 다루는 엄마들이었다. 이곳은 주부가 모든 것을 해야만 하는 곳이니까. 그 흔한 반찬집도 없어서 필요하다면 직접 할 수밖에 없는 곳이 울릉도니까.

애만 키우던 일상에 벼룩시장은 나라는 사람이 이런 것을 할 수 있다는 증명 같았다. 띄엄띄엄 열린 벼룩시장은 알음알음 주부들에게 알려지며 꾸준히 열렸다. 벼룩시장을 계기로 나도 좀 더 본격적인 사회생활을 해야겠다는 마음이 들었다.

독도 너는 내 운명

집이 항구 근처에 있다 보니 길을 다니다 보면 독도 탐방을 온 사람들이 재잘대는 것을 쉽게 마주한다. 울릉도에는 한 해 40만 명이 넘는 관광객이 방문한다. 울릉도를 목적으로 온 사람들도 있겠지만, 방문객 중 상당수는 독도를 찾아온 이들이다. 독도는 바위로 이루어진 섬으로 지형이 험준하고 경사가 가팔라 사람이 살기 어렵다. 식수를 구하기도 어렵고 숙박도 불가능하다. 독도에 방문하려는 사람이라면 누구나 울릉도에 먼저 발을 내디뎌야 하는 상황이다 보니 울릉도는 명실상부 독도의 관문이라 할 만하다. 단체 관광객, 일생에 한번은 독도를 가 보자고 들른 어른들은 물론이거니와 독도 탐방, 독도 수호라고 이름을 건 많은 학생이 울릉도를 찾는다. 특히 5월부터 8월까지는 독도를 찾는 사람들이 많아 울릉도 관광 성수기다.

어느 날인가, 항구 주변에 위치한 건어물 상회 앞에서 한 무리의 학생들을 보았다. 그런데 마땅히 살 것이 없어 건어물 상회에 가서 어른들이나 좋아할 법한 호박엿이며 오징어를 구경하고 있는 것이 눈에 들어왔다. 아이들이 좋아할

* 38

기념품도 있으면 좋으련만 하는 생각에 이어 번뜩 독도를 기념할 만한 문구용품을 만들어 보면 어떨까 하는 생각이 들었다.

그래! 울릉도를, 독도를 찾는 사람들이 오징어, 호박엿 대신 이 여행을 기념하고 기억할 만한, 간단하지만 의미 있는 선물, 기념품을 만들고 그 상품을 파는 자그마한 가게를 내면 어떨까? 한번 싹튼 생각은 꼬리에 꼬리를 물고 이어졌다.

평생 한 번 찾아오기에도 너무 먼 대한민국 최동단의 섬이지만, 이토록 많은 사람이 찾는다는 건 그만큼 독도가 우리나라 사람들에게 각별한 의미를 지니고 있다는 의미일 테다.

오늘날까지 이어지고 있는 일본의 독도 영유권 주장은 내가 어린 시절에도 늘 전 국민의 관심사였고, 한때 주권을 잃어 보았던 역사를 생각할 때 독도는 다시 잃고 싶지 않은 대한민국 주권의 상징으로 자리 잡았다.

환경적으로도 독도는 그 어디에서도 볼 수 없는 식물들과 오로지 독도에서만 사는 해양 생물들의 터전이다. 요즘에도 잊을 만하면 한번씩 독도에서 최초로 발견한 해양 생물의 이름을 명명했다는 뉴스가 등장한다. 육지와 100여 킬로미터 떨어진 영향으로 교류가 적어 식물에 교잡종이 없고 태고의 자연 흔적을 엿볼 수 있는 대한민국 마지막 보루의 섬이 독도다.

이토록 의미 있는 섬인데, 이런 의미를 상징할 만한 스토리와 상품이 부족하다는 점이 생각할수록 아쉽기 그지없었다. 생각이 꼬리에 꼬리를 물며, 내가 만약 기념품을 만든다면 어떤 것이 좋을까 아이디어가 솟구쳤다. 그러다 불현듯, '독도문방구'라는 상호가 떠올랐다. '이거다!' 싶은 확신이 들었다.

독도 강치를 아시나요

'독도문방구'라는 상호를 떠올리고, 독도와 울릉도 관련 기념품을 만들겠다는 의지가 생기자 본격적인 상품 기획 아이디어가 솟구쳤다. 글감이 넘쳐나는 작가라도 되는 양 늘 메모지를 들고 다니면서 독도문방구를 여는 포부를 끼적이고, 제품은 어떤 것들로 구색을 갖출까, 찾아보고 고르는 일로 몇 달간 머릿속이 꽉 찼다.

제주도에 정착한 많은 예술가들이 현무암 캔들이나 바다 캔들 같은 저마다의 아이디어로 무장한 창작 굿즈를 만들어 내던 때였다. 인터넷으로 그런 기념품을 보며 '나도 울릉도와 독도의 자연을 상징적으로 풀어 낸 의미 있는 굿즈를 만들고 말 테다!' 열정을 불태웠다. 그것이 어떤 과정을 거쳐야 하는 줄은 전혀 모르고.

태어난 이래 내 고향 울릉도와 독도에 대해 이렇게 많이 생각해 본 건 처음이었다. 사람들이 울릉도와 독도를 왜 찾을까? 무엇을 좋아할까? 울릉도나 독도를 상징할 만한 건 뭐가 있을까? 도서관에 가서 울릉도와 독도의 역사서를 찾아보고, 여행서도 찾아 읽었다. 그러면서 아이와 함께 읽을 만한 책도 함께 찾다 〈강치야, 독도 강치야〉라는 동화책을 발견했다.

　지금은 초등학교 교과서에도 일제 강점기 독도 강치의 멸종에 관한 역사를 신고 있지만 내가 학교에 다니던 때에는 아니었다. 나는 독도 강치를 이즈음에야 처음으로 제대로 알게 되었다. 독도 강치의 멸종을 다루는 이 책 속 강치 가족의 이야기를 읽고 지금까지 울릉도에 살면서도 일제 강점기에 수 만 마리의 강치가 살육당한 역사를 모르고 살았다니, 너무 부끄러웠다. 눈 뜬 장님으로 울릉도에서 산 게 아닐까? 스스로가 헛똑똑이 같았고 독도에 빚지고 사는 울릉도 주민으로서 죄스러운 마음이 들었다.

　깃털처럼 가벼운 마음으로 시작한 사업 구상은 동화책을 접하고 나서 좀 더 진지한 마음가짐으로 자리 잡았다. 강치를 중심으로 독도 굿즈를 만들어야겠다고 마음먹었다. 울릉도 사람들에게 '독도'란, 한국전쟁 중에 나라가 독도까지 살필 힘이 없을 때에도 주민들이 '독도의용수비대'를 결성해 일본에 맞서고 지키고자 했던 섬이다. 독도는 울릉도에서 고기를 잡으러 가던 어로이기도 해서 무척 중요하다. 그러다 보니 울릉도 사람들에게 독도는 동생 같은 섬으로 느껴지기도 한다. 이런 울릉도와 독도를 더 많은 사람이 제대로 알고 기억할 수 있을 만한 브랜드를 만들어야겠다 싶었다. 올드패션이 되어 버린 단발성 독도지킴이 운동이 아닌, 미래 세대가 독도를 더 궁금하게 여길 수 있도록 '간직하고 싶은 독도 상품'을 만들겠다는 욕심이 더욱 커졌다.

당시 쓴 독도문방구 소개글에 그 뜨거운 포부가 모두 담겨 있다.

> 울릉도, 독도에 자생하는 식물 500여 종 중 섬시호, 섬개야광나무, 섬말나리 등 36종은 전 세계에서 오직 울릉도와 독도에서만 자생하는 식물들입니다. 독도의 바다에는 점점갯민숭달팽이를 비롯한 169종의 희귀한 해양 생물들이 살고 있기도 합니다.
> 독도에 수만 마리가 살고 있었다 전해지는 독도 바다사자, 강치는 일제 강점기 무수한 포획으로 이제는 멸종되어 버리고 말았습니다.
> 독도에 사는 풀 한 포기, 물고기 한 마리 잊지 않고 우리 땅 독도를 지켜 나가자는 마음으로 '독도문방구'를 엽니다.

개봉박두

마음이 단단해지니 추진력에 불이 붙었다. 사업할 마음을 먹고
나선, 가장 중요한 게 이름과 콘셉트였고 그 다음이 디자인이라
여겼다. 독도문방구라는 상호와 콘셉트는 자연스럽게
떠올랐으니, 이제 디자인이 관건이었다. 제일 먼저 착수한 건
독도 강치 디자인이었다.

동그라미와 작대기를 연결한 수준의 사람을 그리는 내가
빈 공책에 볼펜으로 그림을 그려 가며 제품 디자인에 골몰했다.
그땐 막상 자본이 투입되기 전, 제품 제작을 실행하기 전이라
가능했던 소꿉놀이였을까.

강치를 디자인할 디자이너를 수소문할 때는 내심 연락하고
지내던 영화 업계 디자이너들에게 의뢰하면 바로 진행할 수
있겠다는 복안이 있었다. 제품 디자인과 영화 포스터 디자인은
엄연히 다른 일인데도 그땐 알던 분들한테 매달리면 답이
나올 것이라고 생각했다. 그런데 다들 영화 스케줄로 바빠 나와
작업할 수 있는 분이 아무도 없었다. 사실 있었다 하더라도,
그분들의 프로젝트 단가를 생각하면 결국엔 금전적인 이유로
진행하지 못했을 것 같다.

그때 우연인지 필연인지 한 포털 사이트의 메인 화면에 뜬 기사가 눈에 들어왔다. 멸종 동물들을 알리는 굿즈를 출시하는 크라우드 펀딩 소개와 굿즈 디자이너의 인터뷰가 담긴 기사였다. 그 기사를 읽고, 바로 해당 크라우드 펀딩을 찾아보았다. 그리고 곧장 마음을 빼앗기고 말았다. 나는 홀린 듯 그 디자이너에게 무작정 메일을 보냈다.

이틀 뒤 답장이 오기까지, 한 시간 한 시간이 피가 마르는 기분이었다. 잘 알지도 못하는 사람이 보낸 낯선 메일을 읽고 디자이너가 선뜻 강치 디자인을 맡아 줄까? 준비도 없이 너무 무작정 들이댄 걸까?

그런데 무엇에 마음이 움직였는지 디자이너는 선뜻 제안을 수락해 주었다. 너무 기뻐 환호성을 질렀다.

그렇게 독도문방구의 첫 상품 디자인을 맡아 준 사람은 바로 기호찬 디자이너다. 기호찬 디자이너는 한 달간 독도와 강치, 오징어를 주제로 4종의 캐릭터 디자인 작업을 함께했다. 캐릭터 디자인이 나오면 노트, 메모지 등 지류 상품을 디자인해 생산할 생각이었다. 모든 일이 처음이라 내가 많이 우왕좌왕했을 텐데도 기호찬 디자이너는 차분하게 내 의견을 경청해 디자인에 반영해 주었다.

물론 강치를 디자인하는 일은 쉽지 않았다. 독도 강치의 긴 몸, 헤엄치기 위한 큰 꼬리와 수염까지. 강치의 특징을 상세하게 살려 넣으려니 귀엽게 디자인하기가 어려웠다.

멸종된 동물이니만큼 귀엽게만 작업할 것도 아니라는 생각도 들었다. 기호찬 디자이너와 수차례 의견을 주고받으며 조금씩 감도 잡혔고 자신감도 붙기 시작했다. 그러나 그 자신감은 상품 제작에 들어가자마자 와장창 깨져 버렸다.

  첫 제품을 노트와 메모지로 정한 이유는 그래도 인쇄 공정을 조금 안다는 자부심 때문이었다. 영화 전단지를 만들며 여러 종류의 지류를 경험해 보았다. 하지만 막상 뚜껑을 열어 보니 내 지식은 빙산의 일각이었고, 별 도움이 되지 않았다. 흔히 포스터 종이로 쓰는 아트지, 누보지와 달리 노트와 메모지는 다른 종류의 종이를 사용했고, 생전 처음 들어 보는 종이 이름에 눈앞이 팽 돌았다. 표지 코팅의 종류도 제각각이라 무엇으로 할지 결정하라는 담당자의 말에 아무 답도 하지 못했다. 뭘 알아야 말을 하지! 결국 담당자에게 이실직고하며, 보통 어떤 걸 많이 하느냐, 대중적인 소재는 무엇이냐, 제발 알려 달라고 읍소했다. 연락을 했다 하면 하나부터 열까지 가르쳐야 하는 내게 담당자는 한숨을 내쉬긴 했지만, 조곤조곤 설명하고 조언해 주었다.

  이런 도움 덕분에 노트, 메모지에 더해 접착메모지까지 상품 종수를 늘리고, 깔끔한 흰색 볼펜과 연필, 스카프 등 다른 상품 제작에도 박차를 가했다. 그렇게 울릉도 최초, 독도 굿즈가 탄생했다.

독도에 빚지다

독도 굿즈를 만들겠다는 마음이 앞질러 나가는 바람에 제품 제작에 먼저 박차를 가했지만, 그보다 먼저 해야 할 일은 따로 있었다. 바로 독도문방구의 로고 디자인이었다. 브랜드 로고가 있어야, 간판도 달고 마케팅도 할 수 있을 게 아닌가!

무수한 브랜드의 로고를 찾아보며 고민하다가 '독도 하면 궁서체!'라는 생각에 캘리그래피로 로고 방향을 잡았다. 많은 캘리그래피 작가들의 독도 작품을 살펴보고, 또 캘리그래피로 쓴 많은 제품 로고를 확인했지만 "그래 이거다" 할 작가가 눈에 띄지 않았다.

그러다 독도 엽서 한 장을 보았다. 글자의 형태와 구성만으로 하나로 완성한 디자인에 한눈에 반했다. 어떤 작가인지 찾아보니 '참이슬' 소주 등 내로라하는 로고를 작업한 강병인 작가님이 아닌가! 캘리그래피 하면 누구나 알 만한 엄청난 분이었다. 이런 대단한 작가님이 변방의 이름도 없는 나 같은 사람과 작업을 해 주실까…?

망설임도 잠시, 이번에도 무작정 홈페이지에 적힌 연락처로 메일을 보냈다. 되든 안 되든 내가 할 수 있는 건 연락해 보는 것뿐이었다. 평생 쓸 수도 있는 로고이기에 아무리 비싸도 한번 해 보자는 마음으로 덜덜 떨며 의뢰를 했다. 포부를 담아 쓴 '독도문방구를 열며'라는 글과 함께 나의 상황을 길고 긴 메일로 썼다.

돌아온 것은 너무나도 정중하고 사려 깊은 답장이었다. 나를 온전히 사업가로 인정해 주면서, 재미있는 일을 제안해 주어 반가워하는 마음이 가득 느껴졌다. 게다가 첫 사업의 로고를 의뢰했다는 메일 내용 때문이었는지 매우 저렴한 비용으로 작업해 주시겠다는 게 아닌가! 독도문방구가 분점을 내면 비싸게 작업비를 받겠다고 하셨는데, 아직도 그러지 못했으니 빚이 남은 느낌이다.

기호찬 디자이너, 강병인 작가님뿐만 아니라 독도문방구 오픈을 준비하며 만난 많은 분들이 내게 무척 호의적이었다. 평생 인연 한 자락 없고, 얼굴도 모르는 나란 사람의 무엇을 믿고 이렇게 친절과 호의를 베푼 걸까. 생각해 보니 그분들 모두 독도를 "독도는 우리 땅"이란 말 대신 다르게 알리고 싶은 풋내기 사업가의 진심에 손을 내밀어 준 것이었다. 모든 것이 처음 하는 일이라 모르는 게 더 많은 나를 무시하기보다는 응원해 주는 것이 느껴졌다. 기호찬 디자이너는 직접 노트 공장을 찾아 주었고, 그렇게 소개 받은 공장 대표님도 자본금 300만 원 남짓으로 여러 종류를 만들겠다며 욕심만 큰 내게 이런저런 조언과 대안을 제시해 주었다. 독도문방구 계획을 SNS에 올린 후에는, SNS 글을 본 사람들을 통해 디자이너를 소개받기도 했고, 한 동시통역사는 '독도 강치'의 멸종을 알리고자 만든 전단지 글을 무료로 영어로 번역해 주었다.

    여러 사람의 선의로 독도문방구가 오픈하게 되었다고 해도 과언이 아니다. 그리고 이러한 선의는 내가 잘나서 받은 게 아니라는 것을 안다. '독도'를 지키고 알리고자 하는 마음으로 시작했기에 이런 관심과 도움을 받는다는 것을 일을 하면 할수록 더욱 자주 느낄 수 있었다. 독도문방구를 시작할 때만 해도 내심 내가 울릉도와 독도에 좋은 일을 하는 거라는 마음이 있었는데, 점차 오히려 내가 독도에 빚지고 있다는 것을 절실하게 깨달았다.

독도문방구

독도문방구

독도문방구

오징어, 호박엿 그리고 독도문방구

"노트? 이런 게 여서 팔리겠나?"
 몇 안 되는 제품을 테이블 위에 이렇게도 올려 보고, 저렇게도 올려 보며 부산을 떠는 나를 보고 지나가던 이웃 어른이 한마디 툭 던지셨다. 옆에서 입 꾹 다물고 있던 엄마도 굳이 본인 입으로 내뱉지 않은 말을 대신 던져 준 이웃에게 슬그머니 고개를 끄덕이는 것 같았다. 몇 년 만에 일에 뛰어들어 들뜬 딸을 말릴 수는 없었지만, 내심 엄마도 '이런 게 팔리긴 하려나' 걱정이 많아 보였다.
 독도문방구는 항구 앞 엄마 가게 한구석에 문을 열었다. 엄마는 간이식당을 그만둔 후에 울릉도 오징어 먹물빵을 동생과 개발해 '오브레'라는 작은 가게를 열고 있었다. 그 가게 한편에 선반을 빌려 2014년 8월 15일 광복절에 독도문방구가 오픈했다. 개업식도 홍보도 따로 없었지만, 나름 독도문방구 리플렛에 배너까지 만들어 매달았다.
 그렇게 대망의 오픈을 한 독도문방구는 관광객들의 시선보다, '오징어도 나물도 아닌 뭐 저런 걸 비싸게 파노?' 하는 주민들의 시선과 질문을 더 많이 받았다. 첫 일주일의 매상이 평균 만 원 대였으니, 이런 질문들에 답하는 것이 더 곤혹스러웠다. 물욕 없이 시작한 가게였기에 팔리는 게 신기하면서도 남몰래 속이 바짝바짝 탔다.

"어머! 어머!" 하며 곧 학생들로 문전성시를 이룰 줄 알았건만, 만져 보는 사람은 많아도 사 가는 사람은 적었다. 사실 울릉도 여행의 특성상 40~50대 단체 관광객이 주를 이루고 독도문방구의 타깃이라 할 수 있는 10~20대 학생이나 청년층은 훨씬 적었다. 주요 방문객이 문구류나 기념품보다는 지역 먹거리, 나물을 더 선호하는데, 이런 시장 상황을 제대로 조사도 안 해 보고 덤벼든 결과 나온 것이 만 원이라는 매출이었다.

게다가 처음 관심을 가진 손님의 반응도 영 떨떠름했다.

"에게, 이게 다예요?"

처음 제작한 독도문방구 제품군은 노트, 메모지, 볼펜, 보틀 등 모두 10여 종이었는데, 고객 입장에서는 상품 구성이 단출했던 듯싶었다. 하지만 그마저도 내게는 만만치 않은 양이었다.

공장들의 상품 제작 최소 수량이 못해도 500개에 달했다. 지금은 일러스트 작가들이 SNS에서 직접 굿즈를 만들어 팔거나 아이돌 굿즈 시장이 커지며 소량 제작을 하는 공장들도 많이 늘어났다. 하지만 10년 전만 해도 제작 최소 수량이 천 개인 공장이 많았다. 내 기준에는 대기업들이나 감당할 만한 어마어마한 수량이었다. 공장과 통화를 할라치면 자세한 얘기는 하기도 전에 최소 수량만 묻다가 끊는 일이 부지기수였다. 부탁하고 부탁해서 줄인 수량이 500개였고 그나마도 감사해하며 제작 의뢰를 했다.

이메일과 전화 통화로만 진행하던 상품들이 20여 상자가 넘는 실물로 도착했을 땐 뒤늦게 지금껏 미처 생각지 못한 현실이 밀물처럼 밀려들었다.

"이걸 언제 다 팔아…."

작은 가게에는 재고를 둘 자리도 부족했다. 창고도, 그럴 듯한 쇼윈도도 없이 겁 없이 뛰어들다니. 쇼핑몰을 하다 결국은 재고 부담으로 큰 손해를 본다는 둥 각종 폐업 관련 괴담들이 오픈 한 달도 안 되어 내 귀에 콕콕 박혔다.

그래도 울릉도 극성수기인 7~8월이 되자 하루 매상이 15만 원가량 나왔다. 하루 만 원 겨우 팔다가 15만 원이라니! 대박이 난 것 같았다. 그제야 다른 것들이 눈에 들어왔다. 독도문방구에는 명함도 없었고, 제품을 담을 쇼핑백도 없었다. 뒤늦게 제품 설명서나 가격표, 독도문방구를 열기까지의 과정과 독도 강치의 히스토리를 담은 전단, 스티커도 만들었다. 아직도 부족한 것들은 너무 많았다.

미숙한 것투성이인 초보 사업가였지만 감사하게도 울릉도에 이런 가게가 없었기에 신선했던 것일까. 어느 날 우연히 오징어

    먹물빵을 사러 들른 손님들이 독도문방구 상품을 보고는 내게 혹시 내일 이 시간에 인터뷰를 할 수 있느냐 물었다. 이 손님들의 정체는 삼척 MBC의 PD와 리포터로, 매년 봄이면 조선시대 수토사들이 울진에서 울릉도까지 가던 뱃길 행적을 요트로 재현하는 행사가 있는데 그것을 취재하러 왔다가 독도문방구를 발견한 것이었다. 오후 6시경에 전국으로 송출되는 프로그램이라는 말에 솔깃해 바로 인터뷰에 응했다. 울릉도에 가면 들러봐야 할 가게로 독도문방구가 소개된다니, 이게 웬 떡이냐 싶었다.

    물론 이 방송 출연이 바로 극적인 매출로 이어지진 않았다. 그렇지만 방송국 사람들에게 독도문방구의 존재가 알려진 건지 그 후로 꼬리에 꼬리를 물고 라디오, 일간지 등에서 인터뷰 문의가 잇따랐다. 초보 사장인 나는 조금이라도 홍보가 되면 좋겠다는 생각에 성심을 다하여 응했다.

그러나 인터뷰 횟수가 늘어날수록 손님이 오기는커녕 온갖 단체들에서 후원과 결연을 요청하는 전화가 늘기 시작했다. 매일 몇 통씩 오는 후원 요청 전화가 난감하기 그지없었다. 내 월급도 없이 하루 몇만 원 매출이 고작인데, 후원이라니. 하도 연락이 많이 오는 게 이상해 찾아보니 국내에만 300개가 넘는 독도 관련 단체가 있었다!

괜히 방송 인터뷰를 한 건가, 회의가 들던 어느 날, SNS로 한 통의 메시지가 왔다. 이번에는 또 어떤 후원 요청일까, 한숨이 나오려는데 예상과는 다른 글이 적혀 있었다.

"머나먼 울릉도에서, 이런 좋은 일을 해 줘서 고맙습니다."

우연히 방송을 보고 독도문방구를 알게 되었다는 이 분은 아직 한 번도 독도나 울릉도에 가 보지 못했지만, 언젠가 독도문방구에 꼭 들르겠다며 응원의 메시지를 남겼다. 그 한마디에 괜히 목이 메어 왔다.

그래, 내가 무슨 부귀영화를 누리겠다고 독도문방구를 연 것도 아니고, 이제 막 시작했을 뿐 아닌가. 하루하루 하다 보면 언젠가는 울릉도 호박엿, 오징어 그 다음으로 독도문방구를 떠올려 줄 사람들이 있겠지.

태풍 속으로

한차례 여름 성수기가 지난 늦여름, 울릉도는 적막과 긴장으로 고요했다. 최대 풍속이 초당 51미터에 이른다는 태풍 고니가 북상하고 있었기 때문이다. 당연히 모든 배가 운행을 중단했고, 들어오는 이도 나가는 사람도 없었다.

어제까지만 해도 해가 쨍쨍 나고 호수처럼 고요하던 바다에 밤새 바람이 일더니 태풍 같은 파도가 휘몰아치는 것이 울릉도다. 흔히 독도에 가려면 삼대가 덕을 쌓아야 한다고들 말하는데, 그만큼 기상에 따라 가고 싶어도 가지 못하는 일이 많기 때문이다.

엄청난 태풍이 한반도를 직격할 수도 있다는 예보에 한동안 모두가 일기예보에 귀를 기울였다. 그러나 태풍 고니는 부산을 지나 일본으로 상륙해 한반도를 가로지르는 일은 일어나지 않았다. 뉴스에서는 다행히 우리나라에는 큰 피해 없이 위험이 지나갔다고 보도했지만, 울릉도의 실상은 달랐다. 산사태가 일어나고, 옹벽이 무너져 도로가 통제되고 가로수가 뽑혀 나갔으며, 단수와 정전까지 발생한 것이다. 나는 태풍이 상륙하기 전에 부산으로 나와 있어 태풍 고니를 직접 맞이하는

일은 없었다. 하지만 실시간으로 울릉도 상황을 공유하는
주민들의 사진과 영상을 보며 울릉도 집과 가게는 괜찮을까
걱정이 태산 같았다. 배는 나흘 만에 운항을 재개했지만,
도로가 재정비 되는 데에는 좀 더 시간이 걸렸고 잇따른 태풍
북상 소식에 긴장을 늦출 수 없었다. 일본 이시가키 섬에
상륙한 고니는 순간최대풍속을 기록하며 50명 넘는 부상자가
발생했다는 소식도 들려왔다.

  도시에 살 때 나는 비소식도 신경 쓰지 않고 우산을 챙겨
본 적 없이 살았다. 그러나 울릉도에 돌아와 살면서 '내일 배가
뜨는지'가 나의 일상에 가장 중요한 지표가 됐다.
  배가 뜨지 않으면 관광객이 들어오지 않고, 관광객이 오지
않으면 독도문방구도 문을 열 이유가 없다. 택배 접수도
없으니, 남편도 일을 나가지 않고 쉰다. 나가는 물건이 없으니,
들어오는 물건도 없는 것이 당연지사. 식료품 등 다양한 물자를
육지에서 배에 실어 화물로 받는 울릉도에서는 배가 뜨지 않는
날이 사흘만 이어져도 비상이 걸린다. 분유와 우유가 동나고,
먹거리가 바닥날 수도 있으니 날씨가 나빠진다 하면 미리
식료품 사재기를 하는 것이 울릉도 생활의 기본 철칙이다.
  일, 생활이 모두 배의 운항 여부에 달려 있다 보니,
일기예보를 잘 보는 것이야말로 울릉도살이의 가장 중요한
배경지식이 된다. 배가 뜰지 안 뜰지 어정쩡한 날씨로 보이면,

선사 직원이나 바람의 방향을 잘 보는 사람들에게 의견을 구하기도 한다. 기껏 오징어나 문어 등의 해산물 주문을 받았는데 미리 택배를 싸 놨다가 배가 안 떠서 못 보내면 낭패이기 때문이다. 출장이나 병원 예약이 잡혔는데 배가 안 뜰 것 같으면 취소를 하거나 대책을 마련해야 하기 때문에 그 무엇보다 날씨가 중요하다.

혹여 육지 사는 지인들이 여행을 온다 말하면 배가 뜨지 않아 휴가 때 오지 못할까 봐, 지인이 멀미라도 할까 봐 여행 일정 내내 파도와 일기예보를 미리 확인해 준다. 불안하면 휴가 날짜를 바꾸라 권해 보기도 하지만, 대부분 "배만 뜨면 괜찮아"라고 말하며 크게 걱정을 하지 않는다. 파도 궂은 날, 멀미의 고통을 당해 본 사람만이 좋은 날씨에 배를 타는 것이 얼마나 행운인지 알 것이다.

이런 날씨의 영향으로 나는 점점 더 운명론자가 되어 갔다. 세상 무서울 것 없이 내 주장을 하고, 나 하고 싶은 대로 살아가는 사람이었는데 울릉도에 온 뒤로는 삶과 운명에 겸손해지는 사람이 되었다.

자연과 날씨 앞에서 '대체 왜?'는 중요하지 않다. 바람이 불고, 파도가 거세지는 날은 집 구석구석을 단단히 단속하고, 문을 정비하고 그저 이 바람과 파도가 그치기를 기다리는 수밖에 없다. 내 노력으로는 아무것도 할 수 없어 그저 바람과 날씨가 정해주는 대로 순응하게 되는 것이다.

이런 변화가 독도문방구 운영에도 영향을 미쳤다. 브랜드를 만들고, 상품을 기획하고, 만들고, 가게 문을 여는 것까지 내가 할 수 있는 것들이 있는 반면, 내가 예상할 수도 없고 어찌할 수도 없는 일도 존재한다. 그럴 때마다 속앓이를 하느니, 있는 그대로 받아들이고 지금 할 수 있는 일들 하는 것. 그게 내가 울릉도에서 몸으로 배운 교훈이다.

울릉도와 독도를 만나는 여러 가지 방법

독도를 찾아가기 위해서는 울릉도에 먼저 방문해야만 한다. 울릉공항을 건설 중이나 2028년 개항 예정으로, 지금은 선박으로 가는 방법이 유일하다. 출발지는 주로 동해안 항구인 강릉, 포항, 묵호항에 위치해 있다. 날씨에 따라 결항이 잦으니, 반드시 출항 여부를 사전에 확인해야 하며, 파도가 거칠기에 멀미약은 필수다. 울릉도와 독도를 찾아가는 몇 가지 방법을 소개한다. (2025년 9월 기준 정보)

울릉도 가는 방법
대부분 아침 일찍 배가 출발하나, 포항항에서 울릉도 사동항으로 가는 배편에 한해서만 밤 11시에 출발한다.

① 강릉항 ⟶ 울릉도 저동항 (2025년 10월 운행 중단 예정)
  ⛴ 약 3시간
② 묵호항 ⟶ 울릉도 도동항
  ⛴ 약 2시간 40분
③ 포항항 ⟶ 울릉도 도동항
  ⛴ 약 2시간 50분
④ 포항항 ⟶ 울릉도 사동항
  ⛴ 약 6시간 30분 (차량 선적 가능)

독도 가는 방법
독도행 배편은 울릉도의 여러 항구에서 출발한다. 독도 상륙은 날씨·파도 상황에 따라 가능 여부가 달라져서, 대부분은 선회 관광(배로 근접 관람)만 하고 돌아오는 경우도 많다. 삼대가 덕을 쌓아야 독도에 입도할 수 있다는 말이 있을 정도다.

울릉도 도동항/사동항 ⟶ 독도
⛴ 왕복 4시간

울릉도에서 독도를 만나는 다른 방법

입도에 실패했더라도 독도 조망이 가능한 곳들이 있다. 단, 맑은 날씨가 필수 조건이다.

① **독도전망대 (울릉도 북동쪽, 저동항 인근)**
케이블카를 타고 올라가면 독도전망대에 도착한다. 맑은 날에는 독도가 수평선 위로 보인다. 울릉도에서 가장 대표적인 독도 조망 포인트다.

② **도동등대**
등대 안에 전시관이 있어 등대에 오르면 울릉도 경관을 볼 수 있고, 날이 좋을 땐 독도도 볼 수 있다.

③ **내수전전망대**
소문난 일출 전망대다. 해발 고도가 높아 울릉도 곳곳을 내려다볼 수 있고, 멀리 독도도 보인다.

울릉도를 충분히 만끽하는 법

울릉도는 마음먹고 찾아와야 하는 곳이다. 서울을 기준으로 보통은 전날 새벽 2~3시에는 출발해야 아침 일찍 하루 한 번 있는 여객선에 탑승해 울릉도에 입도할 수 있다. 이 시간이 서울에서 동남아로 여행가는 시간과도 비슷해서 우스갯소리로 해외여행을 가는 것처럼 느껴진다는 이야기도 있다. 이렇게 찾아온 울릉도를 더욱 만끽할 수 있도록, 울릉도 토박이가 경험한 팁을 공유한다.

① **울릉알리미 앱. 일단 깔고 시작!**
울릉도 사람들은 모두 깔고 있는 '울릉알리미'는 모든 여객선의 출항, 결항이 결정되면 가장 먼저 알림이 뜨고 버스 노선이 변경되거나 문제가 생겼을 때, 관광지 오픈 시간 및 임시 휴관, 정전 등의 사고나 폭설, 도로 통제 등의 소식을 빠르게 알 수 있다. 이 앱을 통해 도로 사정이나 관광지 정보를 미리 확인할 수 있으니 울릉도 여행을 준비한다면 일단 이 앱부터 설치해야 한다.

② **울릉도는 거의 한 시간 생활권이다**
30여 년간의 일주도로 공사가 2019년에 마무리되면서 울릉도를 한 바퀴 일주할 수 있게 되었다. 읍내에서 가장 먼 북면까지도 한 시간이면 다녀올 수 있다. 울릉도 북면 쪽은 노을 명소이면서 코로나19 당시 신혼여행 성지가 된 코스모스 리조트가 위치해 있기도 하다. 리조트 숙박을 하지 않아도 카페를 이용할 수 있어 그 분위기를 느껴볼 수 있으며 우주와 연결된다는 코스모스 링 등의 포토존이 있다. 오후에 나리분지에 들렀다가 가수 화사의 뮤직비디오 촬영

장소이기도 한 원시림 속 메밀밭길을 걸어 본 뒤, 코스모스 리조트에서 커피 한잔하며 노을을 만끽한다면 완벽한 하루 코스!

③ **동남아 못지않게 깊고 맑은 바다색으로 유명한 울릉도 바다**
울릉도 학포, 내수전, 통구미에 있는 스쿠버다이빙숍에서 두세 시간 코스의 체험 다이빙, 체험 스노쿨링을 즐길 수 있다. 가볍게 수영복 정도 준비해서 울릉도 바다 속을 잠깐이나마 즐기는 게 어떨까?

④ **여행의 마무리는 기념품!**
울릉도의 자연을 섭렵하고 경험하며 훈훈하게 여행을 마무리할 때쯤, 독도문방구에 들러 여행의 추억을 간직할 수 있는 굿즈를 구입한다!(가장 중요한 팁)

섬 여행은 어제 맑다가도 오늘 비바람이 몰아치는 등 날씨가 크나큰 변수가 된다. 여행 일정을 일주일 정도 여유 있게 잡아 주의보에 갇혀 보기도 하고 발길 닿는 대로 떠나 보는 예측불허의 여행도 묘미가 아닐까?

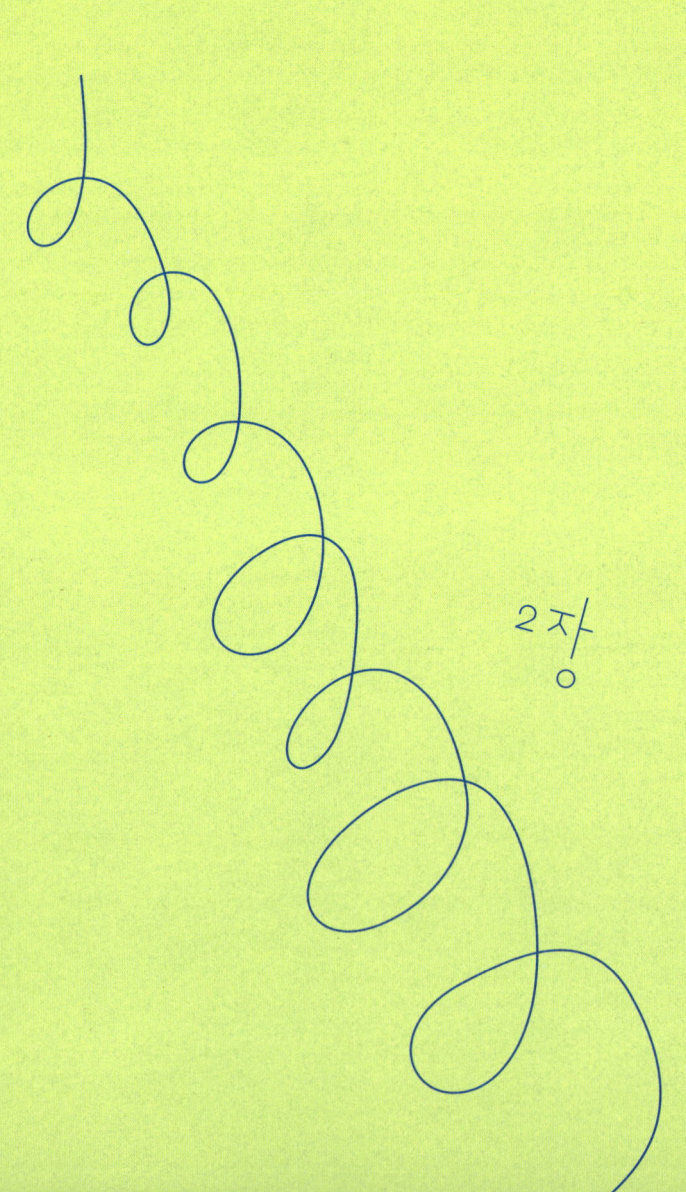

2장

알수록 깊어지는 마음

사회적기업? 그게 뭐죠?

지방소멸, 인구절벽은 요즘 우리나라 대부분의 지방이 맞닥뜨린 현실인데, 울릉도의 인구 유출 상황도 만만치 않다. 내가 태어날 때만 해도 2만여 명이 좀 안 되던 군민 숫자는 이제 절반도 채 되지 않는다. 2017년 만 명 아래로 떨어진 인구는 이제 9천 명을 겨우 넘길 정도로 빠르게 줄어간다. 모두가 일자리를 찾아 육지로, 도시로 떠나는 상황에 울릉도에서 '사업'을 한다는 건 무엇을 의미할까?

울릉군민 중 상당수는 관광업과 자영업에 종사하고 있다. 섬이니 농업이나 어업에 종사하는 인구도 있지만 전체의 10퍼센트를 겨우 넘는다. 제조업은 거의 없고 울릉도 호박으로 엿, 빵이나 젤리, 조청을 만들거나 오징어를 건조하는 등 가공식품업이 조금 있을 뿐, 군민 절반은 숙박, 요식업, 해운업 등 관광업에 종사하는 소상공인이 많다. 나만 해도 엄마의 가게에서 관광객을 대상으로 자그마한 상품들을 팔기로 마음먹지 않았던가.

사실 멋모르고 이 일에 뛰어들 때만 해도 내가 하는 게 '사업'이 맞나 싶을 정도로 별다른 감흥이 없었다. 그저 육아

외에도 뭔가 내 삶에서 의미 있는 사회 활동을 해 보고 싶다는 마음이 앞섰던 것 같다. 사업자등록을 하고 소꿉놀이하듯 몇 안 되는 제품을 가게 선반에 전시할 때도, 독도문방구 SNS 계정을 만들 때도 내가 사업체를 이끈다는 의식이 별로 없었다. 그러다 그해 겨울, 아이들 방학을 맞아 부산에 갔다가 우연히 참석한 한 연말 모임이 내 시야를 확 넓혀 주는 계기가 됐다.

부산에서 로컬 여행을 테마로 하는 '핑크로더'를 운영하는 양화니 대표님이 주최한 연말 모임에는 사회적기업을 준비하거나 사회적기업 인증을 받은 부산에서 쟁쟁한 스타트업 대표님들이 모여 있었다. 나는 이 자리에서 처음 지원사업이니, 사회적기업이니 하는 단어들을 알게 됐다. 나중에 돌이켜 보니 이즈음 통영 동피랑마을에 이어 부산 감천문화마을 등이 크게 주목을 받았고, 지역을 기반으로 한 사회적기업과 로컬이란 단어가 업계의 키워드로 대두되고 있었다.

모인 사람들은 자연스럽게 각자 자신의 사업에 대해 이야기했고, 나도 우물쭈물 독도문방구 이야기를 꺼내 놓았다. 당시 내 가장 큰 고민은 제품 개발과 판매처를 찾는 일이었는데, 여기서 그보다 더 중요한 조언을 들을 수 있었다.

"이런 사업이라면 의미가 큰데, '지원사업'을 좀 알아봐도 되겠는데요? 기획 의도가 좋아서요."

처음으로 '진짜' 사업하는 사람들을 만난 이 자리에서 비로소

나는 그동안 내게 이런 자리가 필요했구나 하는 걸 절실히
느꼈다. 세금 신고는 어떻게 하는지, 내 급여는 책정하고
있는지와 같은 생각도 못한 부분에서 질문과 조언을 들었다.
 집으로 돌아가자마자 사회적기업에 대해 알아보기
시작했다. 마침 경북권에도 '사회적기업가 육성사업' 공고가
올라와 있었다. 창업 아이디어로 사회문제를 해결하는
예비사회적기업가를 발굴하고 지원하는 사업이었다.
모르는 게 더 많은 초보 사장이지만, 내 장점은 뭐니 뭐니 해도
실행력! '안 되면 말고' 하는 마음가짐으로 일단 지원하고 봤다.
우선 도전하고 보자는 심산이었다. 그런데 웬걸! 울릉군에서
처음으로 이 사업에 지원한 사람이라는 희소성 때문이었는지
단박에 서류가 통과되었다. 짐작컨대 경상북도의 유일한
도서지역인 '울릉도'에서, '경력단절 여성'이 운영하는 첫
'독도' 관련 사업이라는 점이 심사위원들에게 어필하지
않았을까?
 이유가 무엇이든 간에, 덜컥 합격을 하고 나자 오히려 뒤늦은
걱정이 몰려왔다. 창업한 지 1년도 안 된 독도문방구로 정말
이 사업을 신청하는 게 맞을까? 동시에 부산에서의 모임 이후
사업 멘토가 절실했던 내게 이 지원사업의 멘토링은 큰 도움이
될 것 같아 기대감도 들었다.
 바로 눈앞으로 다가온 지원사업의 현실은 녹록지 않았다.
10개월도 안 되는 시간 동안 서류를 준비하는 동시에

성과를 내야 했기 때문이다. 게다가 이 사업은 최소 세 명의 구성원이 팀을 이루는 것이 원칙이었다. 나는 아이의 유치원 학부모들에게 권유해 팀을 짰는데, 이 팀은 결속부터가 쉽지 않았다. 사업에 본인 이름을 넣기는 부담이 된다며, 교육을 받으러 육지에 나가는 것은 무리라며, 가족의 반대가 있다며 하나둘 팀에서 빠지기 시작했다. 결국 처음 함께 시작한 팀원들이 중도에 모두 그만두고 막바지엔 나 혼자 남았다. 팀을 유지하지 못했다는 자책이 오래 남았다. 사회적 약자들을 돌보기는커녕 내 곁의 몇몇도 설득시키지 못한 사업 취지라니. 스스로의 자질이 의심되며 많이 흔들렸다. 내 속도와 다른 속도를 가진 이들과 어떻게 함께 나아가야 하는지 이때는 알지 못했다.

    지원센터에 상담을 요청해 구성원이 다 흩어졌다고 고백하고 중도 포기해야 하는지를 의논했다. 지원센터에서는 팀이 해체되어도 지원사업은 계속할 수 있다고 했다. 사람들과의 관계에 지쳐 그만둘까도 싶었다. 그러나 나는 끝까지 가 보기로 했다. 성과를 내고 수료하고 싶었다. 그래서 나 혼자 교육을 듣고, 사업계획서를 손보고, 월말 회계서류를 작성하며 약 4개월간 정작 독도문방구 매장은 신경도 쓰지 못한 채 서류더미에 묻혀 이 과정을 끝마쳤다.

    나름의 성과도 있었다. 1차 심사 때 A+ 등급을 받았고, 사업이 종료될 땐 경북 지역 1등으로 수료를 했다. 포기하지 않은 덕분에 지원금을 받아 신제품을 제작할 수 있었고, 홍보와 납품 등의 성과를 냈으며 독도문방구 홈페이지를 만들고, 제품 판로도 확보할 수 있었다. 그렇지만 가장 크게 얻은 교훈은 사업도 결국 멀리 보면 인간관계에 속한 영역이라는 점이었다. 대상이 동업이든, 협업이든, 고객이든 사업은 결국 다 사람들과 하는 일이다. 그렇기에 신중해야 하고, 인내심을 가져야 하며, 적당한 거리감과 이해, 배려가 필요하다는 것을 이 기회에 배웠다.

≈≈≈
이 작은 가게를 주식회사로 만들라고요?

사회적기업가 육성사업으로 흩어진 인연도 있지만, 힘이 된 인연도 있다. 특히 함께 선정된 20여 팀의 사업 동기들은 내내 큰 힘이 되어 주었다. 서로 제작 공장에 대한 정보와 조언을 주고받기도 하고, 신제품 아이디어를 얻기도 했다. 마음이 괴로울 때 내가 포기하지 않도록 상담해 준 지원센터 매니저도 고마웠고, 무엇보다 사업의 방향을 잡아 준 멘토가 있었다.

처음부터 내게 이 지원사업의 가장 큰 매력은 멘토링과 컨설팅이었다. 무턱대고 뛰어든 나 같은 사람에게 꼭 필요한 전문가이자 현업에서 사업을 하는 대표님과의 면담이라 기대로 가슴이 뛰었다. 이제 내 앞으로 창창한 성공의 길만 펼쳐질 것만 같았다. 그러나 그토록 바라던 멘토링은 내 마음이 와장창 무너졌다 다시 일으켜 세우는 과정이었다.

"독도문방구 하면 떠올릴 수 있는 대표 상품이 뭔가요?"
"제품 가격은 원가에서 몇 퍼센트 마진을 보는 구조인가요?"
"이런 식으로 사업하실 거예요?"

사업을 장부를 분석해 가며 원가를 절감하기 위해 노력하기는커녕 계획도 없이 무르게 운영한다고 눈물이 쏙 빠지도록 혼이 나서, 지원센터 매니저를 붙잡고 울기도 했다. "저 이 사업 접어야 할 것 같아요"라며 눈물 콧물 빼는 나를 어르고 달래 사업 방향을 다시 잡고, 상품 개발에 조언을 해 준 이들이 없었다면 애초에 독도문방구 사회적기업이고 다 포기했을지도 모를 일이다.

  게다가 사회적기업은 법인화가 필수였다. 개인사업자로도 허덕이는 내게 법인을 준비하는 서류는 별세계와도 같았다. 겨우겨우 지원센터의 도움으로 정관을 만들고 법무사를 만나 하나씩 서류를 준비해 나갔다. 그렇게 나는 주식회사 독도문방구, 법인의 대표이사가 되었다.

  멘토링 외에도 분기별로 노무, 회계 등 다양한 교육도 이수해야 했는데, 교육이 대구에서 이루어졌기 때문에 몇 시간짜리 수업을 듣기 위해서 나는 2박 3일씩 집을 비워야 했다. 세 시간 교육을 위해 3일간 일정을 비우고 아이를 맡겨야 하다니, 비효율적이었지만 이 교육이 나를 위한 '보너스'처럼 느껴지기도 했다. 이런 기회가 아니라면, 어디에서 이런 고급 교육을 받고, 도움을 받을 수 있단 말인가. 게다가 결혼 후 5년간, 혼자서는 제대로 외출을 하지 못했기에 혼자만의 명분 있는 출장이 오히려 나를 설레게 했다.

  교육 일정을 확인하고 나면, 배표를 예약하고 대구 맛집 검색하고, 그 지역에서 방문해 볼 만한 사회적기업이 있나 알아보았다. 스케줄을 짜는 내내 엔도르핀이 샘솟는 것 같았다.

그렇게 시간이 흘러 드디어 방문 멘토링의 시기가 왔다. 2박 3일간 멘토가 울릉도의 독도문방구에 방문했다. 항구에서 가게까지의 거리, 관광객의 동선과 가게의 제품들을 확인한 뒤 내게 툭 말을 건넸다.

"티셔츠를 만들면 어때요?"

울릉도에 오는 관광객의 대부분이 중장년 단체 관광객인데, 아직 독도 관련 티셔츠를 파는 가게는 없다며 제안해 주신 이 아이디어가 마음에 들어 나는 바로 실행에 나섰다.

그렇게 탄생한 '아이 러브 독도' 티셔츠는 출시 후 여러 번 방송도 타며 독도문방구의 대표 상품이 되었다. 그리고 주식회사 독도문방구는 이듬해 사회적기업가 페스티벌에서 '2015년 우수창업팀' 10팀 중 하나로 선정되었다. 수십 억 매출을 내는 수상자들 가운데, 아직도 적자를 내는 내가 나란히 서 있자니 자못 어깨가 움츠러들면서도 내 사업의 미래가 청신호라는 확인을 받은 것 같아 뿌듯했다.

그리고 2015년 겨울, 독도문방구는 울릉도 최초로 예비사회적기업(사회적기업 인증을 준비하는 예비 단계)으로 이름을 올렸다.

대한민국에서 가장 눈이 많이 내리는 섬

한여름 분주했던 모습은 어디 가고 울릉도는 긴 겨울방학에 접어들었다. 비수기인 겨울에는 독도문방구도 문을 닫는다. 찾아오는 건 쉼 없이 쌓이는 눈송이뿐.

폭설과 혹한은 울릉도의 겨울에서 빼놓을 수 없는 단어다. '울릉도' 하면 지리 시험에 겨울철 강수량 문제가 꼭 출제됐을 정도로 눈이 많이 내리는 지역으로 손꼽힌다. 내 어린 시절 기억에도 '겨울=눈'이라는 공식이 성립할 정도로 눈이 정말 징하게 많이 내린 기억밖에 없을 정도다.

2016년 새해와 함께 찾아온 눈은 일주일간 쌓여 130센티미터에 육박했다. 당연히 뱃길도 끊겨 일주일째 배가 들어오지 않았다. 사실 울릉도의 겨울에 눈이 1미터 넘게 쌓이는 일은 흔하다. 2011년에는 1월 한 달 적설량이 328.6센티미터에 달하는 기록을 세우기도 했다.

내가 어렸을 적에도 눈이 어른 키보다 높이 쌓이면 모든 학교가 임시 휴교를 하고, 온 동네 어른들이 삽을 들고 나와 집 앞과 도로 눈을 치웠더랬다. 아이들은 아빠가 대나무로 엮어 준 대나무 스키를 타거나 썰매를 만들었다. 눈을 다지고 다져서 썰매 모양을 낸 후 살얼음이 끼도록 물을 부어 매끈매끈거리게 얼려 만든 썰매였다.

겨울 파도는 늘 나빠서 겨울에는 육지에 갈 엄두를 잘 내지 못했다. 여름 방학엔 육지 친척집을 다녀오기도 했는데, 겨울엔 눈밭에서 놀거나 이불 속에서 텔레비전을 보든가 둘 중 하나였다.

긴 겨울이 심심할 법도 했지만 그때 먹은 간식은 지금도 좋은 추억으로 남아 있다. 12월이 되면 한해살이 오징어가 가장 클 시기다. 이때 알을 낳고 오징어는 생을 마감한다. 살이 통통하게 오른, 팔뚝만 한 오징어를 쪄 먹거나 이불 속에서 귤을 까먹고는 했다. 가장 좋아하던 간식은 울릉도 나리분지 옥수수로 만든 튀밥강정으로 내가 아껴 먹는 별미였다. 섬이라 겨울철 먹을 게 부족한 울릉도에서는 가을 추수에 옥수수를 걷어 볕에 말렸다가 튀밥으로 만들어 겨울철 간식으로 먹곤 한다. 고소하고 은은한 단맛이 먹어도 먹어도 질리지 않는다.

그때는 어린아이여서 겨울을 어떻게 대비하며 지내야 하는지 몰랐지만 이제는 누구보다 잘 안다. 겨울철 울릉도 사람들은 도토리 모아 두는 다람쥐처럼 냉동식품이며 온갖 먹거리, 생필품을 미어터지도록 보관한다. 언제 배가 끊길지 모르고, 눈이 많이 내려 고립되는 일도 종종 있다 보니 북면에는 겨울을 보내기 위해 냉장고가 세 개, 때로는 네 개인 집도 있다고 한다.

아이가 어린 집은 도시의 외가, 친척집, 혹은 육지에 마련해 둔 집에서 한 달 정도 겨울을 지내다 개학이 가까워지면 울릉도로 돌아오기도 한다. 배가 잘 뜨지 않는 때이니 갑작스럽게 아이가 아프거나 응급상황이 생겨도 대처할 수 없기도 하고, 당최 아이와 놀 곳도 없으니 아예 육지로 나가 겨울을 나는 것이다. 눈이 많이 오고 제설차로도 눈을 치울 수 없어 며칠 골목길이 고립되면 사륜구동 외에는 차도 잘 움직일 수 없기에 그야말로 집에 갇혀 지내야 한다. 활동력이 왕성한 어린아이와 함께 집에서만 보내는 것이 얼마나 곤욕인지 알 사람은 알리라.

자영업자들도 울릉도 겨울엔 배가 잘 뜨지 않아 손님 구경을 하기 힘들기에 휴식 겸 재충전을 위해 여행, 병원 등의 볼일을 보러 섬을 떠나는 사람이 많다.

나 또한 이 겨울을 아이와 함께 부산에 머물며 여러 밀린 일을 보고, 아이와 키즈카페도 다니며 도시 문명을 누렸다. 다시 울릉도로 돌아오니 겨울 추위에 수도가 동파되어 느닷없이 단수를 겪어야 했다. 덕분에 온 집이 마비되어 며칠간 격한 겨울을 경험하곤 한다. 이러니 우스갯소리로 겨울철 울릉도엔 공무원만 남아 있다는 얘기가 엄살만은 아닌 것 같다.

보물섬 플리마켓

'경북권 유일의 도서지역, 울릉도 최초의 예비사회적기업 탄생'
'고향으로 귀향하여 창업한 경력단절 여성, 예비사회적기업 탄생'

지역신문에 실린 기사를 어떻게 보셨는지, 이웃 어른들까지 독도문방구 문을 열고 들어와 말을 거셨다.

"민정이가 출세했네. 근데 그게 뭐 하는 거라고?"

"예비사회적기업이요. 기부도 하고 사회에 좋은 일도 하는 거예요."

"사회기업이면 사회기업이지 예비는 뭐래. 근데 이런 작은 가게도 기업이라고 불러 준다냐."

힘겨운 고비를 하나 넘어 예비사회적기업에 선정되고 나니 꽃길만 열린 것 같았다. 나라에서 아이를 키우는 데 그 어떤 인정도 보상도 안 해 준다고 느끼던 차에 '경력단절 여성'이라서 가점을 받다니, 인생은 알다가도 모를 일이다.

지원사업 이듬해 봄에는 많은 기회가 생겨났다. 매년 경주에서 열리는 동아마라톤 대회 일정에 맞춰 경상북도에서 대대적인 플리마켓을 열었다. 사회적기업들에게도 자리를 마련해 주어 독도문방구도 부스 하나를 얻었다. 기대한 만큼 매출이 나오진 않았다. 경주까지 물건을 바리바리 싸 들고 갔는데, 뱃삯도 나오지 않을 정도였다. 그러나 경주 플리마켓에 참여하며 플리마켓이란 게 뭔지, 어떤 품목으로 누가 참여하는지를 눈으로 확인하고 경험할 수 있었다. 무엇보다 플리마켓의 판매자 대부분이 집에서 만든 식혜, 어린이를 위한 스카프빕, 체험 장난감 등을 가져온 엄마들인 것이 신선했다.

 울릉도로 돌아와서 SNS에 플리마켓 참여 후기를 남겼다. 이를 본 울릉도 태권도 관장님께 연락이 왔다.

 "울릉도에서도 플리마켓을 열어 보면 어떨까?"

 이런 걸 바로 이심전심이라고 하는 건가! 같은 생각을 가진 사람을 만나자 일이 일사천리로 벌어졌다.

 "그런데 울릉도에 참여할 사람이 있을까?"

 걱정도 잠시, 2013년부터 벼룩시장을 열어 왔으니 시작만 하면 다들 함께해 주리란 확신이 들었다. 게다가 읍내 거의 모든 어린이가 초등학교 입학 즈음부터 울릉도 유일한 이 태권도 도장에 등록하기 때문에 태권도 관장님은 거의 모든 엄마들의 정보를 갖고 있었다.

 빵을 잘 굽는 엄마, 미싱을 잘하는 엄마 등등 알음알음 연락을 했고 손재주 좋은 엄마들과 합심하여 현수막까지 내걸고 '보물섬 플리마켓'이라는 이름을 붙인 단체로 발전했다. 몇 번 행사를 치러 내자 군청에서 한마음회관 앞 로비를 정례

공간으로 빌려주면서 울릉도 유일의 플리마켓으로 성장했다.

　이 플리마켓을 운영하면서 꿈은 장대해졌다. 보물섬 플리마켓을 엄마들의 핫플레이스로 만드는 것! 한 달에 한 번, 손재주 좋은 엄마들은 빵이나 수제청, 반찬, 아이들 머리핀 등을 만들어 판매했고, 누구나 돗자리를 들고 와 좌판을 깔고 중고물품을 거래했다. 아이들을 위해 떡 만들기, 그림 그리기 체험 등을 운영하며 울릉도에 부족한 체험활동을 만들었고, 플리마켓이 끝나면 단합대회도 열었다. 플리마켓의 수익금으로 자연재해를 입은 지자체에 구호물품을 보내기도 했다.

　그러나 공동의 목표를 가지고 모였더라도 모든 게 내 맘 같을 수 없다는 것을, 의견이 다를 수

있는 것을 이때 또 뼈저리게 느꼈다. 10~20명에 달하는 참가자들과 일정을 조율하는 것부터 쉽지 않았고, 회비로 적립하는 참가비를 두고 의심을 받기도 했다. 손님들에겐 판매 가격이 비싸다며 눈총을 받는가 하면, 판매 물품이 겹치는 주변 상인들이 사업자 등록도 없이 돈을 번다며 민원을 넣어 마찰을 겪기도 했다.

　꾸준히 플리마켓을 열었지만 매년 겨울 선생님, 경찰관,

소방관 등 공무원이 육지로 전입, 전출되는 발령 시즌이 되면 플리마켓에 함께하던 이들이 발령이 난 남편을 따라 울릉도를 떠났다. 새로운 봄이 되면 새로운 참여자를 찾고, 또 찾으면 이사 가는 일이 벌어지니 매년 겨울 플리마켓의 존폐를 놓고 리셋 버튼을 누르는 기분이었다.

더불어 플리마켓이 상업적으로 변질되고 있다는 주변의 우려까지 더해져 앞으로 지속할 수 있을지에 대한 고민이 컸다. 코로나19로 모든 게 멈췄을 땐 오히려 홀가분하다는 생각이 들 정도였다.

그래도 이 보물섬 플리마켓을 통해 여러 명의 여성 창업가가 배출됐다. 홈베이킹을 하던 한 엄마는 마카롱과 케이크를 전문으로 하는 디저트 가게를 창업했고, 어린이 체험을 도맡아 하던 엄마는 미술학원을 열었다. 취미로 캘리그래피 액자를 만들던 엄마는 캘리그래피 강사 과정을 수료해 도서관 강사가 되기도 했다.

학창 시절의 전공이나 20대의 커리어는 결혼하면서 '전생에 내가 저리 살았나?' 하는 기시감이 들 정도로 딴 세상 이야기가 되곤 한다. 하지만 때론 결혼 뒤에 또 다른 내 인생, 새로운 커리어가 시작되는 경우도 있다. 내가 우연과 필연 속에서 독도문방구를 창업한 것처럼.

플리마켓 참가자들 사이에 그런 도전과 성취의 기운이 번져 나간다는 것이, 그들의 자아를 찾아가는 과정인 것 같아

기뻤다. 인생 2막을 함께하는 것 같아 그들의 창업과 시작을 쌍수를 들어 환영했다.

도장 깨기? 아니 공장 깨기

영화 〈친절한 금자씨〉에서 뼈에 사무치는 대사가 있다.
"예뻐야 돼. 뭐든지!"
금자씨는 자신을 십수 년간 감옥에 가둔 이에게 복수하기 위해 사제 총을 만들 때도 예뻐야 한다고 얘기하며 개머리판에 꽃을 조각해 넣지 않았던가.
영화 마케터로 일한 세월 때문일까. 우선 눈에 쏙 들어오게 예쁜, 거기에다가 독도라는 상징성까지 갖춘 제품을 만들면 분명 반응이 좋으리라 생각했다. 그래서 처음 독도문방구를 낼 때 제일 신경 쓴 부분은 디자인이었다. 하지만 정작 가장 큰 난관은 각 제품을 제작하는 공장을 찾는 일이었다.
대한민국의 제조업이 힘을 합하면 로보트 태권브이도 만들 수 있을지는 몰라도 나 같은 사업 초급자는 태권브이 머리 장식 하나도 의뢰할 수 없었다. 분명 어딘가 있을 텐데 그 공장 문을 쉬 찾을 수가 없었다. 물론 그게 울릉도는 아니었다. 제조업 자체가 없는데다가 유통도 어려운 울릉도에 그런 공장이 있을 리가! 무엇 하나 제작하려면 육지 업체를 찾는 게 너무 당연한데, 섬에 앉아 그런 공장들의 정보를 찾으려니 서울에서 김서방 찾기보다 막막했다.

  노트를 제작할 때는 다양한 굿즈를 제작해 본 디자이너의 도움을 받아 알음알음 공장 정보를 얻었다. 하지만 새로운 굿즈를 제작할 때마다 또다시 공장 찾기 지옥이 펼쳐졌다. 오래되고 업력이 있는 제조사일수록 이미 거래처가 차고 넘치니 인터넷 홈페이지나 후기 같은 건 오히려 찾을 수 없었다. 그야말로 아는 사람들만 연결될 수 있는 곳인 것이다.

  차근차근 상품을 늘려나가던 독도문방구의 새로운 아이템은 컵과 보틀, 손수건으로 이어졌다. 주문 수량도 몇백 개 안 되는데다가 직접 핸들링하고 싶어 하며 포장까지 요구하는 내 주문에 전화기 너머로도 귀찮은 기색이 역력했다.

  처음엔 쉽게 가려고 판촉물 회사에 컵 등을 의뢰해 봤다. 하지만 기초 지식도 부족했던 내겐 UV인쇄니 전사지니 하는 용어부터 모든 게 낯설었다. 초보 티를 내지 않으려 안간힘을 쓴 끝에 주문을 성공했지만, 막상 도착한 상품은 화면에서 보던 것과는 색감이나 느낌이 전혀 달랐다. 주문 수량이 적으니 샘플을 제작해 볼 수 있냐는 말은 바로 묵살당하거나 꺼내지도 못했다.

  우여곡절 끝에 그럭저럭 상품을 만들어 판매한 지 6개월이 지났을 즈음, 한 지인이 조심스레 얘기했다.

  "네 보틀은 뚜껑이 너무 헐겁더라?"

  "젖병 소재라 해서 막 쓰려 했는데, 끓는 물을 부으니 통이 휘었어."

　부끄러웠다. 내가 직접 써 보지도 않은 제품을, 테스트도 안 하고 단점을 알지도 못한 채 소재의 특성이나 강도에 대한 정보만 믿고 디자인만 신경 써서 제작했다는 사실이.
　젖병에 쓰이는 트라이탄 소재가 막 개발된 시점이라 그 재질로 결정한 게 꽤나 현명한 선택이라고, 끓는 물에도 안심이라고 홍보 글에도 써 넣었는데 딱 그 부분을 지적받으니 어디로든 숨고 싶었다. 상품 가짓수가 적다는 말에 제품수를 늘리는 데 급급해 가장 중요한 디테일을 놓쳤다.

　그때부터 공장 깨기에 나섰다. 내 맘에 차는 품질의 상품을 만들기 위해, 대형 굿즈샵이나 아이돌 굿즈를 만드는 곳들을 찾아보았다. 카카오프렌즈샵, 캐릭터 디자인 문구샵의 상품에 작게 붙어 있는 태그에서 제작사를 찾아 인터넷을 뒤지고 연락을 했다. 수만 개 이상 생산을 해야 하는 큰 회사가 많아 번번이 거절당했지만, 개중엔 작은 규모의 업체를 소개해 주는 경우도 더러 있었다. 거절을 두려워하지 않고 원하는 정보를 찾을 때까지 계속해서 도전하는 것! 그것이 제작으로 향하는 첫 번째 성공의 길이다. 수백 통의 전화를 돌리는 것은 물론이고, 가능한 모든 수단을 동원해 눈에 불을 켜고 제작에 대한 정보를 끌어모았다. 인맥을 이용해 사회적기업 창업지원센터에서 선배 사회적기업 네트워크로 업체를 소개받기도 했고, SNS에서 업체를 추천받기도 했다.

 질이 나쁘다는 얘기를 들은 상품은 바로 판매대에서 내리고 새 제품을 만들 땐 친환경, 유리, 스테인리스 등 오래 쓸 수 있는 소재로 제품을 만들려 노력했다. 보틀은 그 뒤론 다시 만들지 않았다. 돈을 더 내더라도 오래 쓸 수 있는 가치 있는 제품을 만들려 노력하다 보니 점점 친환경, 리사이클 소재에 관심이 갔다.

 공장 깨기가 거듭될수록 제작에 대한 요령도 쌓여 갔다. 제품의 품질을 보완해 가면서 점차 자신감이 붙었다. 혹 누군가 자신만의 디자인, 자신의 브랜드로 제품을 만든다면 자신 있게 조언해 줄 수 있을 것 같았다.

 "제작할 제품의 공장만 잘 찾아도 반은 끝난다!"

 그렇게 스스로가 꽤 괜찮은 사업가가 되어가는 것만 같은 기분이 들었다. 그러나 그 꿈은 곧 산산이 흩어져 내렸다.

아이와 함께 출근하는 하루

영화사 재직 시절부터 맹신하는 것이 있다. 내가 천재가 아니라면 끊임없이 레퍼런스를 갖출 것! 새로운 것을 다양하게 보고 또 경험하며 충분히 레퍼런스를 쌓으면 그 경험이 새로운 결과로 이어진다. 모방은 창조의 어머니라는 말은 나에게 있어서는 진리다. 보고 또 보면 그 레퍼런스들이 쌓여 나만의 것을 만들게 해 준다고 믿는다.

그런데 울릉도는 미술관이니 영화관이니 새로운 것을 몸소 접하는 데 한계가 있다. 창업한 해에는 돈만 있으면 신제품 만들 것은 무궁무진하다고 생각했다. 게다가 언론에 인터뷰가 꽤 많이 실린 게 도움이 된 것인지, 창업 2년째부터는 흑자를 내기 시작했다. 서울의 몇몇 사회적기업이 운영하는 카페들에 연락을 해 독도문방구 제품들을 위탁 판매하기도 했고, 기부도 다양하게 했다. 2년차가 되었으니 더 앞으로 넓게 나아가고 싶었다.

하지만 아직도 고객들이 어떤 상품을 좋아할지, 뭘 더 만들어 반응을 이끌어 내야 하는지 가늠이 되지 않았다. 내 딴에는 새롭다고 만들어도 거의 팔리지 않아 재고로 남은 제품들이 하나둘 늘어나다 보니 나의 감각에 대한 믿음이 서서히 사라졌다. 어떤 걸 만들어야 고객들이 좋아할까? 고급 취향으로 만들어야 할까? 사람들이 쉽게 지갑을 열 수 있도록 저렴한 상품을 더 만들어야 하는 걸까?

고민에 휩싸인 그때, 둘째를 임신했다. 2016년의 봄, 여러 협업을 제안 받던 때에 찾아온 임신 소식은 내게 청천벽력 같았다. 나처럼 경력단절을 경험한 여성들과 일을 벌이고 싶어 그들과 함께 플리마켓도 열었고, 지역 최초로 여성 기자가 되기도 했다. 내 인생에서 이렇게 열심히 산 적이 있을까 싶던 한 해였다. 아이를 낳고 나면 크게 내딛던 보폭이 다시 좁아지겠거니 하는 예감에 우울해졌다. 스포트라이트를 받은 한 해가 지나자마자 경력단절의 삶이 다시 기다리고 있다는 사실을 받아들이기 힘들었다.

아이가 세상에 나오기 전에 하나라도 더 제품을 만들고, 하나라도 더 새로운 것을 해야 한다는 강박에 임신을 하고도 몸무게가 5킬로그램밖에 찌지 않았을 정도로 바쁜 시간을 보냈다. 태교는커녕 회계사무실에 사업소득세며 부가세 양식을 보내고 출산 후 두 달간 손도 못 댈 내 미래의 서류들을 미리 대비하느라 시간이 쏜살같이 지나갔다.

울릉도 관광객이 줄어드는 겨울, 농한기처럼 대부분의 자영업자들은 손님이 없으니 봄까지 장기 휴업을 한다. 의도한 바는 아니었지만 다행히 가게가 쉬는 겨울에 둘째를 낳았다.

아이가 조금 자라면 아이를 봐줄 이모님을 구해 사업을 할 수 있겠지 하는 막연한 희망도 잠시, 막상 아이가 태어나니 사업은커녕 그 무엇도 제대로 할 수 없었다. 아이가 둘이 되자 두 배가 아니라 네 배는 힘들었다. 첫째 등원 전쟁, 둘째 보육, 각종 살림, 거기에 밀린 독도문방구 서류들….

  정신없이 온갖 일에 떠밀리니 기저귀가 떨어지는 줄도 모르고 미리 주문을 못해 발을 동동 구르거나, 계절이 지나서도 철에 맞지 않는 옷을 입히기 일쑤였다. 울릉도에는 영유아 보육시설이 단 하나밖에 없다. 당시엔 입학 경쟁도 치열했거니와 입소 가능한 영유아 월령도 15개월 이후부터 가능했다. 봄이 오고 지인을 통해 아이를 돌봐 줄 사람을 찾아 다시 가게를 열겠다고 마음먹었지만 돌봄 이모를 구해도 낯선 사람에게만 가면 한 시간이고 두 시간이고 우는 둘째 때문에 곧 그만두기 일쑤였다. 남편 또한 나물철인 봄이 일 년 중 가장 바빠 없는 사람이나 매한가지였다. 친정엄마도 독도문방구가 있는 자리에서 오징어 먹물빵 장사를 하느라 애를 봐줄 수가 없으니 모든 것이 오롯이 내 몫이었다.

  결국 초여름이 되자 나는 아기 띠를 둘러메고 유모차를 밀면서 아이와 함께 출근했다. 가게에서 서너 시간 아이를 업고 업무를 보다가 배가 떠나고 가게가 바쁜 시간이 지나면 겨우 집에 돌아왔다. 몸은 고됐지만 그렇게라도 가게 문을 열어야 내가 살 것 같았다. 이대로 사회와 동떨어진 채 아이와 둘만 보내는 세상에서 정신없이 시간을 흘려보내다가, 정신을 차리고 나면 다시 돌아갈 가게가 없어질 것 같은 두려움이 가장 힘들었다.

최소한의 사회생활만을 유지하며 쳇바퀴 같은 일상이 1년 정도 흐르자 주변에 마음을 털어놓던 사람도 사라지고, 마음 둘 데 한 곳 없는 시기가 왔다. 그때 시절을 생각하면 하루가 어떻게 지나갔는지, 사업은 무슨 정신으로 했는지 아무것도 떠오르지 않는다. 하루가 다르게 자라나는 아이를 바라보고 있으면 기쁜 마음이 들었지만, 동시에 두려움이 엄습했다. 아이를 키우는 동안 나와 세상을 연결해 주는 유일한 끈이 일뿐인 것 같았다. 다행히 희망이 있다면 시간은 흐르고, 아이는 자란다는 것. 아이가 유치원에 들어갈 즈음엔 어떤 일을 해 볼까 아이디어가 떠오르면 귀퉁이에 적어 놓고, 더 좋은 일을 하며 멋진 대표로 살고 있는 몇 년 후의 나를 상상하며 독도문방구를 탈출구 삼아 불안한 마음을 달랬다. 그 시간 동안 독도문방구는 내 취미이자, 나를 대변해 주는 유일한 것이 되었다.

≈≈≈
계속하게 만드는 힘

내가 지금 하는 일이 무엇인지도 모를 정도로 컴컴한 터널 속을 내달리고 있을 때, 나를 살게 한 몇 번의 기회들이 있다.

둘째가 백일을 바라보던 늦은 봄, 포항문화재단에서 큰 제안을 해 왔다. 포항국제불빛축제와 스틸아트페스티벌 등 포항 대표 축제의 스태프를 위한 유니폼과 굿즈를 함께 기획해 보자는 것이었다. 디자이너가 따로 있지도 않은 울릉도 작은 가게에 협업 요청이라니! 영혼을 바쳐서라도 제안서를 잘 쓰겠노라 다짐했다. 온갖 아이디어가 샘솟아 10페이지도 안 되는 발표 자료를 만들면서도 너무 신이 났다. 출산 후 갓난아이를 돌보느라 몸도 마음도 피폐했는데, 서류 작업으로 여유 시간이 더 없어졌는데도 신바람이 났다. 일을 그만두지 말라는 하늘의 뜻인가 보다, 쾌재를 부르며 며칠 밤을 샜다.

그렇게 제안한 기획안으로 결국 2천여 명 스태프가 입는 축제 유니폼 입찰을 따냈다. 그 성취감이 또 얼마간 버틸 수 있는 힘을 주었다. 다만 아쉽게도 제일 첫 프로젝트만 진행하고 후속 작업은 고사해야 했다. 축제 관련 각종 회의가 많았는데 백일도 안 된 둘째를 데리고 포항을 오갈 수가 없었기 때문이다. 그래도 나에게 앞으로도 새로운 가능성이 열려 있음을 확인하는 순간이었다.

얼마 뒤에는 유명 기업에서 사회공헌사업으로 지역의 굿즈를 후원하는 지원사업에 독도문방구가 선정됐다는 소식도 들려왔다. 물론 이 사업은 두 번의 합숙PT에 참가할 수 없어 포기해야 했지만, 선정 소식만으로도 누군가 등 뒤에서 나를 밀어주는 것만 같은 기분이 들었다. 내가 고립되었다고 생각하는 순간에도, 아직 나는 독도문방구를 통해 이 사회와 연결되어 있구나, 깨달을 수 있었다.

기회는 머지않아 또 찾아왔다. 이 일은 내 생각의 틀을 깨는 중요한 계기가 되었다. 청심국제중고등학교의 독도동아리 '해밀'의 학생들이 요청한 협업이었는데, 학생들은 독도 강치를 알리기 위해 '강치상'을 세우는 캠페인을 기획하고 있었다. 비용 마련을 위해 강치 뱃지, 독도 뱃지 등의 굿즈들을 만들었는데 독도문방구에서 판매해 줄 수 있겠냐는 제안이었다.

창업 초창기 결벽증 비슷하게 '독도문방구에서 판매하는 제품은 내가 디자인에 관여한 것만 판매한다'라는 원칙이 있었다. 그러나 미래의 학생들을 위해 독도문방구를 열었다고 인터뷰에서 여러 번 얘기해 왔기에 이 제안이 솔깃했다. 학생들이 독도 알리기에 열심인 것에 자극도 받았고 어떻게든 돕고 싶은 마음이었다. 그러나 실상 굿즈들을 받아

보니 '예뻐야 된다'는 나의 기준에는 못 미치는 아마추어의 제품이었다.

  '그래도 돈을 받고 파는 가게인데, 이 제품이 팔릴까?' 하는 부분에서 맘이 걸렸다. 고민 끝에 학생들의 굿즈를 받아 판매하기보다는 동아리에 일정 금액을 기부하는 쪽으로 마음을 정했다. 그런데 이런 내 마음을 미리 알아채기라도 한 걸까. 선생님이 학생들에게는 직접 만든 상품들을 독도문방구에서 판매하는 것이 기부보다 큰 보람이 될 거라고, 잠깐이라도 팔아 보자고 설득하셨다. 보도자료까지 준비했다는 말에 결국 해밀의 굿즈를 받아 판매하기로 했다.

  기왕 판매하기로 한 거, 학생들에게 실망을 주기 싫어 가게 한쪽에 나름 정성껏 전시도 해 두었는데, 이게 웬걸! 학생들이 굿즈를 만든 열정과 의미 덕분일까, 굿즈가 동이 났다. 사람의 취향은 정말 다양해서, 내 눈에 너무 화려하다 싶어도 그걸 좋아하는 분이 있는가 하면, 꼭 제품의 질 때문이 아니라 의미 때문에 격려하는 마음으로 구매하는 분도 있다. 처음에는 걱정으로 가득하던 내 마음도 굿즈가 예상 외의 인기를 거두는 것을 보며 순식간에 돌아섰다. 지금껏 고집하던 '내가 만든 상품'이라는 원칙을 내려놓고, 내 나름의 기준으로 예쁘고 의미 있는 상품을 선별해 꾸린 '독도 편집숍'으로 가게를 운영하는 것이 상부상조할 수 있는 방식이라는 확신이 섰다.

  항상 물건 종류가 적다는 얘기를 들어오던 터라, 굿즈

개발이 고민이던 내게 해밀 학생들과의 만남이 의외의 돌파구가 되어 준 것이다. 육아로 굿즈를 개발하기 힘든 때라 편집숍으로의 모색이 할 만하다는 생각이 들었다.

　해밀과의 만남 이후에 나는 좀 더 공격적으로 각종 크라우드 펀딩 사이트에서 독도의 날 기념 티셔츠나 디자인 전공 학생들이 만든 독도 팔찌, 뱃지 등의 액세서리를 찾아 매입하기 시작했다. 그 과정에서 녹슨 나의 감각과는 다른 젊고도 색다른 제품들에 놀라기도 했다.

　2017년에는 '아이 러브 독도' 티셔츠가 가게를 버티게 했는데, 2018년에는 생각지도 못한 학생들 굿즈로 가게가 풍성해졌다. 그 후로 각종 대학교 내 독도동아리 학생들의 제품들이 독도문방구에 입점했다. 이들 중에는 이후 굿즈로 창업을 한 팀까지 생겼다.

첫 콜라보레이션

어느 날, 낯선 메일 한 통이 도착했다. 어깨 너머로 메일을 본 남편은 대뜸 말했다.

"사기꾼이다!"

대한민국 사람이라면 누구나 다 알 만한 유명한 의류 브랜드의 직원이라 주장하는 사람이 대뜸 독도문방구에 콜라보레이션을 제안한 것이다. 남편은 단박에 사기가 분명하니 조심하라고 내게 주의를 줬다. 나도 실감이 나지 않아서 답을 하지 못했다. 그러나 이런 미심쩍은 생각은 전화 한 통으로 해결됐다. 사기가 아닌, 진짜였던 것이다!

나와 남편이 사기꾼이라고 의심한 사람은 아웃도어 브랜드의 마케팅 담당자였다. 이번에 그 브랜드에서 독도라인을 선보이는데, 독도문방구와 콜라보를 하고 싶다는 것이다.

얼마 후 담당자는 겨울 파도를 뚫고 정말로 독도문방구에 나타났다. 그때까지도 나는 과연 이 콜라보가 진짜 이루어질까 하는 의구심이 남아 있었다. 언론에 소개된 나는 성공한 여성 사업가로 부풀려져 보였을 텐데, 막상 실상은 주먹구구로 운영하고 있는 울릉도의 자그마한 구멍가게에 불과해 보이지 않을까. 더욱이 아이를 낳고 나서는 그 사업에도 제대로 집중하지도 못했으니까. 하지만 내 우려와는 달리 콜라보레이션은 착착 진행됐다.

바야흐로 2018년은 콜라보 춘추 전국 시대였다. 유명 대기업이 다양한 크고 작은 브랜드와 콜라보로 한정판 상품을 시즌별로 내놓기 시작했다. 루이비통이 슈프림과 손잡고, 대기업 커피 체인점이 제주도 우도의 땅콩라떼와 콜라보 한 메뉴가 판매되는 등 의외의 조합일수록 사람들의 호기심과 환호를 샀다.

마케팅 담당자는 독도문방구와의 콜라보레이션으로 '독도라인'을 선보이고, 이를 통해 독도를 알리는 것은 물론 해양 환경 보호에 앞장서는 캠페인을 진행하고 싶다고 했다. '독도라인'은 페플라스틱에서 추출한 친환경 재생소재를 사용해 만든 의류 제품들이었는데, 상품이 출시되면 독도문방구에서도 독도라인 티셔츠를 판매하기로 했다.

멸종 해양 생물인 강치 인형을 만들어 독도를 알리고 있는 독도문방구와도 잘 어울리는 기획인 데다가, 해양 쓰레기 문제의 심각성을 알리고 해양 환경 보호를 외치는 캠페인이라 하니 나는 고마워서 절이라도 하고 싶었다.

아무것도 할 수 없을 것 같던 때에 이런 기회가 오자 나는 기름을 부은 듯 오로지 일에만 매진했다. 패션은 한 계절을

앞서는 것이라 그때도 늦었다며 부랴부랴 여름 상품의 콘셉트를 잡고 디자인을 입히는 미팅에 박차를 가했다. 그렇게 이듬해 여름, 독도문방구가 콜라보 한 첫 의류가 출시되었다. 대기업 브랜드라며 기대했던 큰 금액의 계약금은 아니었지만, 독도문방구와 내가 건재함을 알릴 수 있는 기회가 되었다.

울릉도의 봄과 여름

바람이 거세지고 배도 잘 뜨지 않는 답답한 겨울을 지나 수렵 채취의 봄, 언제라도 바다에 뛰어들 수 있는 여름이 왔다!

　결혼 초, 울릉도에 다시 돌아와서는 어린 시절엔 몰랐던 수렵 채취의 재미에 푹 빠졌다. 수렵 채취가 인간의 본성인가? 싶을 정도로 나물을 찾고, 매실이니 헛개열매 등등 제철에 나는 울릉도 먹거리를 따고 말리고 보관하는 일은 너무 재미있었다. 남편은 나물철이 가장 바쁜 때라 눈코 뜰 새 없다지만 나는 역시 봄이 좋다. 겨우내 미루어 두었던 온갖 일을 처리하면서도 잠깐 고개를 돌리면 푸릇푸릇 돋아나는 새싹들이 어찌나 힘차고 맑은지!

　날씨가 완연해지면 울릉도에 관광객이 하나둘 늘어나다가 초여름부터는 성수기가 시작된다. 울릉도는 한여름에도 낮 기온이 어지간해서는 30도를 넘지 않아 꽤 시원한 편이다. 그래서 방문하기 가장 좋은 때가 바로 여름이다. 물론 관광객이 많은 만큼 독도문방구도 가장 바쁜 시기이지만, 그렇다고 여름을 그냥 보낼 수는 없는 일! 입던 차림 그대로 바닷가에 가서 발을 담구다 에라 모르겠다 하고 옷이 다 젖도록 물에 들어가 수영도 하고 고동을 딴다. 내가 어릴 적에 그러했듯, 이제는 아이와 함께 아무 해변이나 바다 수영장에 수건 한 장 들고 들어가 해질 무렵까지 놀다가 돌아오는 길에 지는 해를 바라보는 것만으로도 충만감이 느껴진다.

학교 운동장을 제외하고는 변변한 놀이터도 없는 울릉도를 두고 도시에 사는 지인들은 이런 자연환경을 고향으로 둔 것이 아이에게 축복이라 말한다. 바로 지난겨울, 배도 안 뜨는 궂은 날에 "아이랑 울릉도에서 못 살겠다" 씩씩거렸던 마음은 어디 가고, 아이가 누리는 이 소중한 푸른 자연과 맑은 바다를 오래오래 보전해야 한다는 사명감마저 드는 요즘이다.

독도문방구를 열면서 나는 '울릉도에서 5대째 살고 있는 토박이가 만듭니다'라는 문장을 소개글 첫머리에 두었다. 평생 한 번도 내가 먼저 언급하지 않았던 출신 소개인데 이제는 내 입에서 울릉도 사람이라는 말이 먼저 나온다. 어디 나서기 싫어하던 나란 사람이 유치원, 학교 운영위원장을 도맡으며 더 많은 아이들이 울릉도를 아끼고, 이곳에서 살아 주기를 바란다. 매년 겨울이면, 내년에는 어떻게 가게를 운영해야 하나, 사업도, 가정도 이렇게밖에 꾸리지 못할 바에는 하나를 정리해야하지 않을까 고민하며 울다가도 봄이면 의지에 가득 차 다시 가게 문을 연다.

한땐 애증의 고향이었던 곳. 그러나 지금은 나의 또 다른 분신 같은 독도문방구가 있는 곳이자 내 아이의 미래가 담긴 곳. 울릉도를 생각하면 늘 마음이 복잡다단하다. 그래도 하늘이며 바다며 온통 파랗고 푸른 계절에는 여기만큼 사랑스러운 곳이 또 없다.

언젠가 우리 아이도 이런 말을 하게 되는 날이 올까?
'울릉도에서 6대째 살고 있는 토박이가 만듭니다.'

독도문방구의 스테디셀러

 예비사회적기업이 되어 지원사업을 수혜하면서 만든 강치 캐릭터가 있다. 당시 촛불집회가 한창이던 때에 만들어서 강치의 가슴에 독도문양을 새기고, 목에는 투쟁하는 투사처럼 빨긴 스카프를 둘렀다. 이 강치 캐릭터를 티셔츠, 지우개, 보조배터리 등 다양한 상품에 활용했다. 어느 날, 함께 플리마켓을 운영하던 태권도 학원 관장님이 그 캐릭터를 보더니, 학생들 도복에 이 디자인을 사용해도 되겠냐고 물었다. 흔쾌히 허락했는데, 도복을 본 울릉도서관에서도 독도의 날 체험행사에 이 강치 캐릭터 디자인을 쓸 수 있냐는 연락이 왔다. 연달아 이런 연락을 받고 보니 손쉽게 사용할 만한 독도 관련 자료가 너무 없다는 생각이 들었다.

 독도문방구를 오픈하기 전에 나 역시 한참을 독도 관련 사진과 자료들을 찾아다녔다. 그런데 막상 적당한 사진이나 자료를 찾아도 공공기관에서 그 저작권 정보를 모르거나 허락을 구하는 과정이 너무 복잡해 포기해야만 했다. 다들 이런 과정을 겪는 게 아닐까. 의외로 독도 관련 행사는 부지기수로 많은데, 정작 행사 때 무언가를 만들고 싶어도 활용할 만한 공개 디자인 소스나 독도 사진이 없었다.

고민 끝에 독도문방구의 강치 캐릭터 디자인을 공공기관이나 학교에 오픈소스로 공유하겠다는 내용을 보도자료로 만들어 보냈다. 그랬더니 기사를 본 몇몇 학교에서 디자인을 요청하는 메일이 왔다.

그중 한 곳이 용인 수지에 있는 한 고등학교였는데, 교내 캘리그래피 동아리에서 학생들이 독도에 관한 글귀를 쓰고, 강치 캐릭터 디자인을 넣어 전교생에게 나눠 줄 부채를 제작했다. 행사가 끝난 뒤 선생님이 이 부채를 독도문방구에도 보내주셨다. 그런데, 어라? 예뻤다.

부채는 한 번도 생각해 보지 않았던 품목이었다. 흔히들 나눠 주는 판촉물 같아서 판매용으로는 전혀 고려하지 않았는데, 학생들의 디자인이 예쁘니 이런 제품을 나도 한번 만들어 볼까? 싶었다.

학생들에게 필요한 저렴한 상품을 구비하자는 마음을 먹고 어떤 제품을 만들까 고민하기 시작했다.

마침 첫째가 학교 갈 나이가 되었다 보니 자잘하게 필요한 문구류가 많았다. 학교에서 나눠 준 준비물 리스트를 보니 L파일, 연필, 실내화 등이 주르륵 적혀 있었다. 아이에게 줄 요량으로 제일 먼저 독도 알림장을 만들고, 20여 명 남짓한 울릉초등학교 입학생들에게도 이 독도 알림장을 선물로 주었다. 알림장을 만들면서 1학년 준비물 목록에 있던 L파일도 한번 만들어 볼까 하는 마음이 슬쩍 생겨서 내친 김에 L파일도 제작했다. 저렴하고 흔한 품목이라 눈여겨본 적 없었던 L파일은, 출시 후 5년 동안 만 장이나 팔린 효자상품이 되었다. 학생들 덕분에 아이디어를 얻은 만큼 천 원이라는 저렴한 가격으로 판매했고, 출시 후 단 한 번도 가격을 올리지 않고 오늘까지도 판매하고 있는 독도문방구의 스테디셀러다.

우리의 정체성

울릉도에서 나고 자랐기 때문일까. 다른 건 몰라도 사업을 시작하기 전부터도 어렴풋이 독도를 주제로 사업을 할 때에는 사회에 대한 환원과 책임감이 있어야 한다고 생각했다. 게다가 사업 초기에 사회적기업가 육성사업의 수혜를 받아 예비사회적기업으로 이름을 올리기까지 했으니, 그에 대한 책임을 져야 한다는 생각이 늘 마음 한편에 있었다.

2018년 12월, 늘 인력난에 시달리는 울릉도였기에 지역에서 일자리 창출을 하는 조건을 이루지 못해 독도문방구의 예비사회적기업 지정은 만료되었다. 끝내 사회적기업이 되는 것은 포기해야 했지만 이 마음만은 계속해서 변하지 않았다.

그래 봤자 울릉도의 작은 가게가 뭐 얼마나 대단한 영향력이 있겠냐마는, 내가 할 수 있는 선에서 할 수 있는 일들을 하자는 게 내 생각이었다. 연락 오는 모든 독도 단체들에 기부를 할 수는 없었지만, 적어도 지역의 초등학교에 아이들 수만큼 독도 티셔츠를 기부하고, 육상 대회 때는 독도 양말을 선물로 협찬했다. 나와 같은 경력단절 엄마가 새로운 제품을 만든다는

소식을 들으면 쏜살같이 연락해 협업을 제안하기도 했다. 아주 작은 일이라 누가 알아주지 않아도 사회적 역할에 충실하고 싶은 마음이었다.

 2019년은 상해 임시정부 수립기념 100주년이었는데, 뭔가 의미 있는 일을 하고 싶었다. 고민하다가 독도 스노우볼을 만들기로 했다. 독도에 태극기가 꽂힌 모양의 디자인이었는데, 독도에 꽂힌 태극기를 상해 임시정부 태극기 버전으로 디자인해서 삽입했다. 그런데 웬걸!

 "어떻게 우리나라 태극기 모양을 잘못 넣을 수 있냐! 그 정도 검수도 없이 물건을 만드느냐!"라는 악플이 달렸다. 컴플레인을 하는 사람도 있었고, 심지어 불량품 아니냐는 오해까지 받았다. 그때마다 "이 태극기는 상해 임시정부 버전입니다. 의도해서 디자인 한 거예요"라고 답해야만 했다. 해명하는 일이 번거롭긴 했지만, 그래도 100주년이라는데! 하며 애국심이 불타올라 스노우볼에 그치지 않고 상해 임시정부를 기념하기 위한 다른 한정판 제품들도 만들었다. 내가 이토록 열심인 까닭은 주권을 뺏기기도 전에 독도는 일본의 한 수산업자에게 동해 어장을 내주기 위해 일본 땅으로 등재된, 독도의 수난사가 모두 나라가 힘을 잃은 그 궤에 있다 생각했기 때문이다.

 상해 임시정부 수립일인 4월에는 함께 플리마켓을 하다 창업한 케이크 가게 사장과 함께 임시정부 태극기가 그려진 '태극기 마카롱'을 만들어 찾아오는 손님들에게 나눠 주었다.

* 112

택배로 주문하는 고객들에겐 핸드메이드 비누를 만드는 사회적기업 공방과 함께 임시정부 태극기 모양의 비누를 만들어 증정했다. 조금이나마 많은 이들에게 전해지를 바라는 마음을 담아.

독도문방구를 열고 비로소 내가 자란 고향 울릉도에 대해 제대로 알기 시작했다. 독도도 마찬가지였다. 알아갈수록 이런 부분은 더 많은 사람에게 알려야 한다는 사명감이 생겼다. 그 마음이 독도문방구의 사업 아이템이나 이벤트로도 이어졌다. 독도문방구가 문을 열고 있는 한 앞으로도 이 부분은 변하지 않을 것이다. 물론 대박이 나서, 가능한 모든 곳에 후원과 기부를 할 수 있으면 더 좋겠지만!

애증의 독도 강치 인형

창업 첫 해, 얼마 안 되는 초기 매출 전액과 남편 몰래 만든 적금에 비상금까지 털어 겁도 없이 만든 상품이 있다. 바로 독도 강치 인형이다. 동화 〈강치야, 독도 강치야〉를 읽고 다른 건 몰라도 강치 인형은 꼭 만들어야겠다고 생각했고, 독도문방구에서 만든 첫 캐릭터 디자인도 강치였다. 바다사자의 일종인 강치 인형을 만들기 위해 온갖 종류의 바다사자 사진을 모두 들여다보았던 것 같다. 그렇게 윤기 나는 회색 털의 강치 인형을 완성해 상품을 내걸었는데, 그때부터 비난 글이 쏟아졌다.

"강치는 갈색인데, 고증을 제대로 한 건가요?"
"독도 강치 인형인데, 메이드 인 차이나라니 말이 돼요?"
"사장님 실망이에요."

독도 강치는 밤색인데 색깔과 형태가 다르다며 나무라는 전문가의 일침과 더불어 중국 OEM 제품이라 진정성이 없다는 나무람도 들었다. 아이들이 독도 강치를 알기를 바라는 마음으로 시작했지만, 그렇기에 더욱 철저히 고증하고 제대로 준비했어야 했다는 후회가 들어 두고두고 마음에 남았다.

언젠가 다시 제대로 된 강치 인형을 만들어야지 생각했지만 일에 떠밀려 뒤로 미루어만 두었다. 그러다가 울산의 사회적 기업 '우시산'을 만났다.

2019년 울릉도를 쓰레기·플라스틱·전봇대가 없는 깨끗한 섬으로 만들자며 울릉군청이 대기업과 MOU를 맺고 '3무 섬 만들기 프로젝트'를 시작했다. 대기업의 후원을 받는 몇몇 기업이 함께 울릉도를 방문했고, 그중에 '우시산'이 있었다. 우시산은 폐 페트병을 이용해 만든 솜으로 인형 등의 제품을 만드는 업사이클링 기업이다.

그동안 국내엔 더 이상 인형 봉제 공장이 없다는 말에 내심 강치 인형은 포기해야 하나, 시간만 보내고 있었던 내게 우시산의 등장은 어떤 계시와도 같았다. 게다가 업사이클링 제품으로 만드는 독도 강치 인형이라니! 그야말로 내가 바라던 것이 아닌가!

바로 마음이 맞은 우리는 강치 인형 ver 2.0을 함께 만들어 보기로 했다. 새로운 강치는 무조건 제대로 만들어야겠다는 오기와 결심이 섰다. 그래서 강치 인형을 만드는 데 있어 몇 가지 원칙을 세웠다.

1. 무조건 국내 제조!
2. 강치의 특징을 제대로 담을 것!
3. 수익금은 기부할 것!

강치 외피는 따로 국내 제작하고, 우시산이 채용한 어르신들이 리사이클링 솜을 넣어 봉제를 담당했다. 일제 강점기에 수난을 당한 강치가 이제는 웃을 수 있는 대한민국의 강치가 되기를 바라는 마음을 담아 웃는 표정으로 강치를 디자인했고, 귀와 지느러미도 강치의 특징을 제대로 담으려 몇 번이고 자료를 찾아 확인했다. 그렇게 완성된 강치 인형 ver 2.0은 꽤 그럴싸해 보였다. 노력을 들인 만큼 제품에도 자신이 있었다. 이제 가슴을 펴고 당당하게 강치 인형을 선보일 수 있으리라! 독도문방구의 새로운 대표 상품으로 자리매김할 수 있지도 않을까 기대에 부풀었다.

그러나 예상치 못한 복병이 터졌다. 2020년 1월, 코로나19 바이러스의 확산으로 전 세계가 멈춘 것이다. 독도문방구에는 이미 완성된 천 마리의 강치 인형이 출시만 기다린 채 박스째로 쌓여 있었다.

팬데믹의 울릉도

2019년의 겨울, 나는 이스라엘에 있었다. 내가 다니는 도동성당에서 이스라엘 성지 순례 여행을 모집했는데, 마침 비수기이고 친정 엄마와 장거리 순례를 갈 수 있는 마지막 기회일지도 모른다는 생각에 보름간 성지 순례를 신청한 것이다.

출국하기 전부터 중국 우한에서 발생했다는 폐렴 이야기가 점점 뉴스를 장식했지만, 그땐 이웃나라 중국 이야기인 줄만 알았다. 이스라엘의 호텔방에서도 강치 인형이며 새로 제작할 신제품들의 디자인을 확인하고, 수정해 가면서 메일로 디자인 컨펌을 마쳤다. 발주를 확정하고 계약금까지 모두 입금한 상태로 이스라엘과 이탈리아 순례, 그리고 스톱오버로 독일에 있는 이모 집까지 모두 별 탈 없이 방문하고 한국에 돌아왔는데 그 일주일 후, 대구에서 신천지발 31번 확진자가 발생했다. 코로나19 대유행의 시작이었다.

나는 울릉도에 입도하자마자 생전 처음 경험하는 낯선 시선에 당황했다. 〈페스트〉 소설 속 그것처럼 이스라엘에 다녀온 우리를 사람들은 공포에 가득 차 바라보았다. 울릉도는 섬마을의 특성상 소문이 빠르게 퍼지는 곳이다. 새로운 가게가 문을 열었다는 흥미로운 소식부터 연예인 누가 찾아왔다더라, 누구네 집에 이런 경사가 있다더라 같은 소식을 쉽게 전해 들을 수 있다. 그런데 내가 소문의 중심이 될 줄은 상상도 못했다.

사람들이 있는 장소에 나타나기만 해도 구설에 올랐고, 성지 순례를 다녀온 성당 신자들은 모두 아무 증상이 없었지만 2주간 집에서 격리를 하라는 군청의 통보를 받았다. 나를 코로나19 보균자인 양 피하는 주민들의 반응에 속상해 PCR 검사를 받겠다고 문의해도, 검사 시약이 대량화, 일상화되지 않았던 초창기라 증상 없이는 검사를 받을 수도 없었다. 자가 격리 지침도 뚜렷이 없어 뭘 어찌해야 할지도 정확히 몰랐다. 그저 '격리'라는 말이 주는 알 수 없는 엄격함에 주눅 들어 시키는 대로 2주간 집에서 격리 생활을 했다. 당시 많은 이가 그러했겠지만 그저 참고 참는 인내의 시간이었다.

상황은 점점 심각해져만 갔다. 모두가 생전 처음 겪는 팬데믹에 우왕좌왕 어찌해야 할 줄을 몰랐다.

그해 2월, 20여 년을 운행하던 울릉도의 젖줄과도 같은 대형 선박 썬플라워가 운행을 중지했다. 선령 만기로 더 이상 운항할 수 없다고 했지만, 그럼 다른 배편이 이어가겠거니 했다. 그러나 코로나19로 여행객의 발길이 뚝 끊기자 다른 대안도 없이 썬플라워가 도동에서 포항으로 향하는 마지막 운항을 하며 떠났다. 설마설마했는데 큰 파도를 이기고 육지와 오갈 수 있는 대형선박까지 사라지니 울릉도 사람들은 너 나 할 것 없이 심각해졌다. 애들이 아프면 이제 어떻게 하지? 겨울 파도에 이제 육지를 어떻게 오가야 하나? 울릉도 사람들은 "이제 겨울에 아프면 여기서 죽어야 할 것 같다"는 푸념을 내뱉는 희망 없는 봄이었다.

  3월, 아이들의 개학이 다가왔지만 학교는 비대면 수업을 결정했다. 아이 둘이 다 집에 있으니 언제 가게를 열 수 있다는 기약이 없었다. 생전 처음 보는 바이러스 앞에서 모두들 여행을 할 엄두도 낼 수 없었기에, 울릉도에 입도하는 사람도 거의 없었다. 안 그래도 고단한 섬의 삶이 더욱 팍팍해지는 것 같아 막막하기 이를 데 없었다. 오가는 이도 없이 울릉도에 고립되는 것만 같았다.

≋≋≋
그래도 살아간다

역시 인간의 적응력은 위대하다. 특히 대한민국 사람들의 일사불란함이란! 전 세계가 처음 겪는 전염병으로 혼란의 시기가 있었지만 사람들은 어느샌가 이런 비일상적 상황마저 적응하고 있었다. 정부 주도의 적극적인 감염병 대응이 시작됐고, 대부분의 사람이 군말 없이 지침을 따랐다. 전 세계가 한국의 대응력에 감탄할 정도였다.

그러나 코로나19가 개개인의 삶에 끼친 파란은 결코 적지 않은 무게감으로 다가왔다. 특히 나 같은 자영업자들은 언제까지 가게 문을 열지도 못하고 이런 상황을 버텨 내야 하는 건지 막막하기만 했다. 이러한 막막함과 우울감에 '코로나블루'라는 용어까지 생겨났다.

울릉도는 섬이라 육지보다는 코로나19에 대한 걱정이 좀 덜했다. 흔히 말하는 코로나 청정지역으로 꽤 오래 확진자 제로를 유지했다. 입도하는 이가 적다는 건 전염병이 확산될 우려가 적다는 뜻이기도 했지만, 다른 말로는 관광업에 종사하는 자영업자들의 소득도 제로라는 것을 의미했다. 걱정과 불안이 슬슬 고개를 들기 시작했다. 독도문방구에 쌓인

천 마리 강치 인형은 다 어찌해야 한단 말인가.

   그때 경상북도 사회적경제지원센터에서 크라우드 펀딩 대회에 참가 의사가 있는지를 물었다. 가게 문을 열지 못하는 상황이니 이 대회에라도 참가해야겠다고 생각했다. 코로나19로 영업이 어려운 대구 경북 지역 사회적경제 소상공인을 위해 '대구 경북 힘내라'라는 메시지를 담은 크라우드 펀딩 대회였고, 나는 독도 강치 인형을 대표로 내세워 세트 상품을 구성했다. 그간 강치 인형을 판매하면서 느꼈던 아쉬움, 우시산을 만나 새롭게 만든 두 번째 강치 인형의 탄생 사연을 일기 쓰듯이 풀어냈다.

   삼일절을 앞두고 오픈한 크라우드 펀딩에는 200여 명의 고객들이 참여해 천만 원이 넘는 펀딩을 이끌었다. 펀딩을 성공시키기 위해 SNS부터 인터넷 카페, 동창회까지 온갖 곳에 글을 올리고 도와 달라 청했다. 덕분에 대회에서 1등까지 할 수 있었고, 새 강치 인형도 멋지게 데뷔할 수 있었다. 시작할 때만 해도 100만 원이라도 펀딩이 될까 안절부절 못했는데 1등까지 하니 불안했던 마음이 조금 가시는 듯했다.

   원래라면 울릉도 관광이 시작되는 봄철, 북적여야 할 항구는 코로나로 쥐 죽은 듯 고요했다. 텅 빈 가게에서 펀딩 참여자들의 댓글을 하나하나 읽으며 택배를 쌌다. '힘내라', '잘 하고 있다'라는 위안에 울고 또 웃었다. SNS에 독도 강치 펀딩 소식을 공유해 널리 알려준 사람들도 있었다. 일면식도 없는 남들이 이렇게 손을 내밀어 준 덕에 어려움 속에서도 나는 절망하지 않을 수 있었다. 무엇보다 나를 도와주는 이 손길들이 오롯이 독도 덕분이라는 것을 다시 한 번 실감했다.

≈≈≈
강치가 나타났다!

코로나19로 울적한 가운데 울릉도를 발칵 뒤집어 놓는 일이 일어났다. 울릉도 주민들의 채팅방이 난리가 난 것은 물론, 육지에도 소식이 퍼졌는지 내게도 사실 여부를 확인하고 싶어 하는 연락이 쏟아졌다. 발단은 SNS에서 공유된 한 화제의 동영상이었다.

"정말… 울릉도에 강치가 나타났어요?"

울릉도 선녀탕 연안에서 어두운 몸 빛깔의 해양 포유류 한 마리가 등장한 것이다. 1970년대에 마지막으로 목격된 뒤로 50년을 넘게 그 흔적을 찾을 수 없어 멸종된 것으로 판정된 강치로 의심되는 포유류의 등장에 온 울릉도가 들썩였다. 겨울철 그 추운 날에도 사람들은 그 존재를 찾아 낚싯배를 타거나 해안가를 찾아다녔다. 실시간으로 목격 사진과 정체를 추측하는 글이 올라왔다.

'설마 강치일까? 그렇다면 무리 생활을 하는 강치의 특성상 한 마리만 있지 않을 텐데… 더 없을까?'

해양수산부에서 멸종위기 2등급 북방물개라고 발표한 뒤에야 울릉도에 들끓던 열기는 종식되었다. 물개들은 주로

추운 지역에 거주하는데 지구온난화로 인해 울릉도로 남하한 것으로 보인다고 했다.

  그 뒤로도 몇 차례 점박이물범과 물개들이 울릉도 연안에서 포착되어 소식이 전해질 때마다 반가운 마음이 들었다. 하지만 여전히 '혹시나' 하는 마음이 쉬이 버려지지 않았다. 코로나19로 전 세계가 멈추면서 지구 환경과 생태계가 회복하고 있다는 이야기가 많았다. 깨끗해진 환경에 곳곳에서 그간 자취를 감추었던 돌고래나 거북이가 돌아왔다는 소식도 들렸다. 그렇다면 언젠가 강치도 돌아올 수 있지 않을까? 우리 땅에서 다시 강치를 만날 수 있는 날을 오늘도 간절히 기다린다.

울릉도 멀미약 명가 소개

울릉도와 독도로 가는 바닷길이 험한 만큼 멀미약에 대한 관심이 많다. 배낚시를 하는 강태공들 사이에서 '노랑'이 유명하고, 어느 약국에서든 쉽게 구할 수 있다. 그러나 약을 먹고도 동해의 파도를 이겨내지 못하고 멀미에 시달린 분들이 울릉도에 와서 새로운 멀미약을 찾고는 한다. 울릉도 주민들에게 알려진 효과 좋기로 소문난 멀미약 명가를 소개한다.

① **울릉군보건의료원**
가장 인기 있는 멀미약 명가로, '멀미약'을 처방 받으러 왔다고 하면 의사의 진료 없이도 5천 원에 일주일분을 받을 수 있다. 친구 서너 명이 나눠서 복용해도 충분할 분량이다. 약봉지 겉면의 이름 란에 '멀미 귀하'라고 써 주는 게 재밌다. 먹으면 속이 덜 부대끼고 효과도 좋다.

② **저동 제일약국**
약국에서 직접 조제해 주는 멀미약을 살 수 있다. 조금 독할 수도 있어서 식사한 뒤에 복용하기를 권한다. 졸린 약이기에 먹으면 푹 잠들 수 있다.

③ **도동 윤정약국**
마찬가지로 조제한 멀미약을 준다. 먹었을 때 그렇게 졸리지 않고 속도 편한데, 멀미도 덜 난다.

④ 이도저도 갈 수가 없으면 마시는 멀미약을 울릉도 슈퍼나 아무 편의점 등에서 구입 가능하다.

독도 입도에 성공하는 법

울릉도를 찾는 많은 이들의 목적이 '독도 입도'이다 보니 입도 가능성을 높이고 싶은 이들의 질문이 많다. 첫째도 둘째도 기상 예보를 보는 것 밖에는 방법이 없다. 오로지 배가 떠야만 갈 수 있는 곳이기 때문이다. 고기압으로 날씨가 좋을 때 바다도 잔잔한 편이라 그나마 독도 입도의 가능성이 높다. 날씨를 살펴보는 데 도움이 되는 몇 가지 앱과 사이트를 소개한다.

① **기상청 앱과 윈디(Windy) 앱**
울릉도 사람들은 기상청 앱과 윈디 앱을 같이 비교해 보는 편이다. 앱에서 보이는 바다가 밝은 민트색이거나 파란색이면 안정권이라고 하고 색이 짙어지면 안 될 것 같다고들 얘기한다.

② **울릉군청 홈페이지 '독도 접안 기상정보'**
울릉도 모든 소통의 중심지인 울릉군청 홈페이지에 들어가면 '독도 접안 기상정보' 페이지가 있다. 파도에 따라 독도 접안 가능성을 알려준다.

백 퍼센트 정확한 것은 없어서 날씨가 나쁜 날에 독도에 입도하기도 한다. 그래서 삼대가 덕을 쌓아야 갈 수 있다는 말이 나왔나 싶을 정도로 입도 가능성은 종잡을 수 없다.
일주일 전에는 대략의 해양 날씨가 예보되는데, 이때 바다가 붉은 색을 띈다면 거의 예외 없이 입도가 불가능한 파도이니 날짜를 다시 잡아 보는 것도 방법이다. 울릉도에 와서 주민에게 가장 날씨가 좋은 날을 추천받아서 배를 타는 것도 방법이다. 하지만 여름 성수기에는 표가 한정적이니 이 점을 꼭 고려해야 한다.

3장

뉴트로 독도문방구

    2020년 봄, 팬데믹으로 오가는 손님도 없는 시기에 독도문방구는 이사를 했다. 가게 문도 못 여는데 이사가 웬 말이냐 싶을 수도 있겠지만, 사실 코로나19가 터지기 전부터 계획했던 일이다. 아니, 계획이라기보다는 떠밀렸다고 해야 할까.

    2019년도 막바지, 민원이 들어왔다는 연락을 받았다. 독도문방구는 2014년부터 도동항에 자리한 엄마의 오징어 먹물빵 가게 한쪽에서 쭉 운영하고 있었는데, 한 가게에서 여러 개의 사업자로 운영하는 것이 가능한지, 식품위생법상 빵집에서 다른 제품을 파는 것이 위반 아닌지 등 여러 차례 민원이 군청 위생계에 제기되었다는 것이다. 성수기가 지나고 2019년의 장사를 파할 무렵, 군청에서 가게로 실사를 나왔다. 이른바 숍 인 숍 형태로 운영하는 가게들이 많은데 이게 무슨 문제가 될까 생각했다.

    그런데 얼마 뒤, 식품 제조 관련 시설이 있는 사업자가 다른 사업자와 함께 영업을 할 수 없다는 통보를 들었다. 민원인이 이웃인데, 시기하는 분들이 넣은 것 같다는 말과 함께. 개업하고 5년이 지났는데 이제 와 무슨 청천벽력 같은 소식일까.

　가벽을 세워 엄마의 가게와 독도문방구를 분리할까? 고민도 했지만 그 어떤 민원의 여지도 남기고 싶지 않아서 아예 이사를 가는 쪽으로 마음이 기울었다. 그러던 중에 코로나19가 확산됐고, 도동항을 오가던 썬플라워도 더 이상 운항하지 않으며 도동의 상권이 불안정해졌다. 여러 가지를 고려했을 때 도동을 떠나 저동으로 가게를 이전하는 게 낫겠다 싶었다. 가게를 저동으로 옮기면, 저동의 어린이집에 다니는 둘째를 하원하고 돌보기 쉬워지는 이점도 있었다.

　울릉도는 크게 울릉읍과 북면, 서면으로 나뉘고 울릉읍 안에 도동과 저동, 사동이 있다. 도동과 저동은 차로 10분 거리도 안 되는 이웃한 동네지만, 분위기가 사뭇 다르다. 도동이 관청과 학교, 오래된 숙박시설이 있는 구도심이라면, 저동은 1970년대 저동항이 국가항으로 정해지며 오징어잡이의 중심지가 되었기에 상업과 어업에 종사하는 인구가 많다. 따라서 울릉도 인구가 제일 많이 집중된 곳이라 할 수 있다. 또 저동항에는 강릉과 저동항을 잇는 쾌속선 한 척이 다니는데, 유독 이 배에 젊은 관광객이 많다. 독도문방구는 울릉도 주 고객인 중장년층보다는 청년층을 대상으로 하니 저동항 근처로 가게를 옮기는 게 오히려 기회가 될 수도 있었다. 북면이나 서면은 자연 경관이 아름답다는 장점이 있지만 항구와 인접하지 않아 고려의 대상이 아니었다.

저동을 배회하다 옛집 세 곳 정도를 낙점했는데, 두 곳은 세를 내주지 않겠다 했고, 남은 한 곳은 연락이 닿지 않았다. 옛날엔 슈퍼를 하던 '미영상회'라는 곳인데, 언젠가부터 더 이상 운영하지 않았다. 두꺼운 커튼을 내린 채 항상 문이 닫혀 있었는데, 벌어진 커튼 틈 사이로 보이는 직접 짜 맞춘 듯한 옛 나무 선반이 근사해 언제쯤 문을 여시나 이제나저제나 기다렸다. 그런데 알고 보니 이곳이 남편 친구의 고모님 댁이라는 게 아닌가! 남편 찬스로 겨우 연락이 닿았다. 몸이 아파 병원에 가 있느라 집을 오래 비우셨다고 했다. 이제 가게도 하지 못할 정도로 건강이 나빠졌다며 흔쾌히 세를 내주셨다. 그러나 그 뒤로도 한참을 이사하지 못했다. 코로나19로 학교는 여전히 비대면 수업 중이었고, 관광객도 오지 않는 상황이니 이사한들 당장 문을 열 수도 없기 때문이다. 그렇다고 세만 내며 언제까지고 이사를 미룰 수는 없는 일. 5월 말, 미루어 두었던 이사에 박차를 가했다.

차에 한두 박스씩 짐을 실어 나르며 새로운 독도문방구를 어떻게 꾸밀까 고민했다. 입구의 오래된 커튼부터 내 마음을 흔들었던 오래된 수제 나무 선반까지 살리고 싶었던 나는 '뉴트로'를 인테리어 콘셉트로 잡았다. 골동품 가게에서 자개장을 구입하고 쓰레기장에 나와 있던 오래된 건축 사무실 책상을 주워 와 계산대 책상으로 꾸몄다. 지금도

이 책상 옆구리에는 대형쓰레기 폐기물 스티커가 붙어 있다. 1960~1970년대의 오래된 백열등을 찾아다녔지만 구하지 못해 유럽 직구로 황동 갓 스타일의 오래되어 보이는 전등 몇 개를 구입해 매달았다. 이 전등이 가게 인테리어에서 가장 많은 돈을 쓴 부분이다. 대부분 있는 것들을 재활용했기에 전기 공사에 든 돈을 제외하면 거의 인테리어 비용이 들지 않았다. 돈도 아끼고 재활용으로 환경보호도 하는 셈이니 일석이조가 아닌가!

남편은 페인트칠이라도 한번 하자고 했지만 일부러 낡아 보이게 하는 뉴트로 콘셉트가 내 의도라며 단칼에 거절했다. 오래된 테라조 시멘트 바닥이 바로 이 집의 보물인 것을! 나무 선반과 테라조 바닥만으로도 가게가 너무 예뻤다.

새로운 가게를 단장하며 코로나19로 우울했던 내 마음도 먼지를 털어 버린 듯 개운해졌다. 쓸고 닦고 선반에 상품까지 배치하니 썩 마음에 드는 모습이 나왔다. 상품 종류가 5종도 채 되지 않던 초창기와 비교하면 굿즈로 가게를 가득 채울 수 있는 지금의 모습에 감개가 무량했다.

호사다마

"이 가게는 언제 오픈해요?"

　새 독도문방구가 내 눈에만 예쁜 게 아니었던 모양이다. 한참 조명 공사 중인 어느 날, 젊은 학생들이 찾아왔다. 내 명함을 받아가더니 6월의 어느 날을 콕 짚으며 그날 가게가 문을 여느냐 물었다. 꼭 살 것이 있다며 재차 확인하기에 그 날짜를 개업일로 삼고 문을 열어 주겠노라 약속했다.

　한번 한 약속을 어길 수는 없는 일. 그날을 목표로 공사를 마무리했다. 그렇게 약속한 개업일이 다가왔고, 젊은 학생들도 약속을 지켜 당일 나타났는데… 알고 보니 학생이 아니라 TV 예능 프로그램 〈1박 2일〉의 제작진이라는 것이 아닌가!

　좁은 동네라 소문이 날까 신분을 속였다며 약속한 오픈 날 새벽부터 촬영 스케줄을 잡았다. 그렇게 새벽부터 두 시간 남짓 촬영을 했는데, 막상 방송을 보니 독도문방구 촬영분은 통 편집되어 있었다. 하지만 출연진들이 독도문방구에서 구매한 독도 티셔츠를 입고 독도에 가는 모습만은 방송에 고스란히 담겼다. 가게 한쪽에 출연진들이 독도 티셔츠를 입은 사진 액자를 걸어 놓았더니 그게 바로 최고의 홍보였다.

"아, 〈1박 2일〉에서 입었다고?"

이래서 가게들마다 그렇게 연예인 사인을 걸어 두나 보다!

새로운 뉴트로 독도문방구가 개업한 여름, 코로나19로 손님이 하나도 없을지도 모른다는 각오가 무색하게 의외로 관광객이 찾아오기 시작했다. 코로나19로 해외에 나가지 못하자 사람들이 인적 드문 국내 구석구석으로 안전 여행을 하는 유행이 번지기 시작한 것이다. 독도 티셔츠의 판매는 더욱 호조를 보였다. 덕분에 팬데믹 기간 동안에도 독도문방구는 매출 피해가 그리 크지 않았다.

그러나 호사다마라고 했던가. 하나가 해결되나 싶었는데 곧이어 또 다른 마음고생이 찾아왔다. 그것도 연달아.

디자인 도용 사건이 두 건이나 일어났다. 민원 때도 그렇고 왜 이런 일이 계속해서 일어날까? 디자인 도용의 장본인은 이 좁디좁은 울릉도의 이웃 업체였다. 한 다리만 건너면 서로의 가족관계까지 파악할 만큼 좁은 동네라 내 이름만 대도 우리 집을 찾아올 수 있을 정도인데, 한동네에서 독도 티셔츠 디자인을 도용해서 팔고 있다는 얘기를 듣고선 머리가 아찔해지는 기분이었다.

찾아가서 난리를 피워 볼까? 조용히 넘어갈까? 좁은 동네에서 서로 구경거리가 되지 않으면서 해결할 수 있는 방법이 무엇일까?

예비사회적기업을 거치면서 특허권, 상표권 지원사업을

통해 몇몇 디자인을 등록해 두었던 것이 그나마 해결의 실마리가 되었다. 게다가 일전에 대기업과 콜라보를 진행할 때에도 독도문방구의 로고를 상표권 출원하고, 각종 디자인의 저작권 등록을 요구했기 때문에 그때 등록해 둔 저작권 서류를 내세워 판매 금지를 요구했다. 도용한 쪽에서 재발 방지 각서와 함께 상품을 전량 폐기하겠다는 의사를 밝혀 첫째 사건은 일단락되었다.

두 번째 사건은 이보다 더 심각했다. 독도문방구의 상품을 제작하던 업체에서 나 몰래 상품을 외부 기관에 팔고 있던 것이 밝혀진 것이다. 믿고 맡긴 업체가 이렇게 뒤통수를 치다니…. 앞으로 어떻게 믿고 상품을 제작해 나갈 수 있나? 하는 생각과 함께 배신감이 들었다. 결국 업체와 계약서를 작성해 권리를 어겨 판매한 상품에 대한 로열티를 받는 것으로 가까스로 해결할 수 있었다.

제주도에 굿즈 시장이 커지고 경쟁이 치열해지면서 잘 나가는 상품에 대한 도용과 복제가 비일비재하다고 하더니, 이제 울릉도도 그렇게 변해 가는 것일까? 연달아 벌어진 이 두 사건을 겪으면서 답답함과 분노로 처음으로 사업 생태계가 무섭다는 생각이 들었다.

지푸라기라도 잡는 심정으로 사회적기업가 육성사업 당시 멘토링과 지원을 해 주었던 매니저님께 몇 년만에 연락을 했다. 법률전문가를 소개받을 수 있을지 물었더니 마침 경북에 사회적기업 성장지원센터가 생긴다며 법률, 네트워킹, 콜라보 지원을 받을 수 있다고 추천해 주셨다. 그 덕분에 법률 자문을 받았고, 재발 방지 각서 작성 때도 도움을 받아 마음은 한층 안정되었다.

    사업하는 연차가 늘어났다고 해도 사업은 언제나 익숙해지지 않는다. 겨울에는 미리 고객 반응을 염두에 두고 신상품을 만들어야 하니 그 불확실성으로 불안하고, 노무, 세금 관련 문제들은 상식적인 법률지식을 알아 둬도 자주 법이 바뀌니 대처하기가 늘 어렵다. 나는 언제쯤 능수능란한 사업가가 될 수 있을까?

～～～
울릉도를 담은 굿즈

아이러니하다는 말을 이럴 때 쓰는 것일까. 코로나19로 울릉도가 고립되어 찾아오는 이도 없고, 가게도 문을 닫아야 하나 고민했던 시간이 무색하게도 팬데믹 기간에 울릉도에는 오히려 봄날이 찾아왔다.

코로나19가 장기화되자 단체가 아닌 개인, 가족 간의 비대면 여행, 그중에서도 캠핑이 대세로 떠올랐다. 인플루언서들이 하나둘 울릉도를 찾아와 인적이 드물고 경치 좋은 은둔지에서 캠핑을 하고 조그만 해안에서 혼자 수영을 하기도 했다. 원시의 생태가 살아 있는 천혜의 여행지라며 울릉도의 풍경이 유튜브와 SNS를 통해 퍼져나가기 시작했다.

해외 촬영을 가지 못하는 방송국에서도 울릉도를 해외여행의 대안지로 내세워 방문하기 시작했다. 온갖 비대면, 소규모 그룹의 여행 프로그램, 예능 프로그램이 울릉도에서 촬영을 했다. 이런 흐름을 따라 자연스럽게 개인 관광객의 방문도 늘어났다. 지금까지 울릉도는 독도에 가기 위해 들렀던 섬이었는데, 울릉도

* 139

자체를 독자적인 여행지로 재발견한 것이다. 배낭을 멘 청년 여행자들이 들이닥치자 독도문방구에서 '울릉도' 굿즈를 찾는 수요도 폭발적으로 늘어났다.

"울릉도 티셔츠는 없나요? 이번에 독도는 가지도 않았는데…."

"울릉도 마그네틱은 없나요? 엽서는요?"

독도문방구 매장 네온사인에는 '당신의 일상을 늘 독도와 함께'라고 쓰여 있다. 그동안 우리가 모르는 독도의 아름다운 모습, 독도를 지키는 독도경비대, 대를 이으며 독도를 지키는 삽살개, 감성적인 독도 풍경 사진, 독도를 구성하는 89개의 부속도서 중 대표 바위들의 이미지로 다양한 독도 제품을 만들어 왔다. 대부분 독도를 알리려는 메시지가 담긴 진지한 굿즈들이었다. 그러나 이제는 울릉도 굿즈를 개발해야 할 때가 온 것이다.

'울릉도를 기념하고 상징할 만한 게 뭐가 있을까?'

5대째 울릉도에 사는 토박이라 울릉도에 대해서만큼은 자신이 있었다. 나리분지, 관음도, 독도전망대부터 오징어, 호박엿, 고로쇠 수액까지. 울릉도 하면 떠오를 만한 것들을 죄다 나열해 두고 고민을 시작했다. 오래 고민할 것도 없이 결론이 나왔다.

울릉도 8경 중 하나일 만큼 대표성을 띤 삼선암이 울릉도 굿즈 1호로 제격이었다. 사람들이 인증샷을 찍느라 도로

    정체가 일어날 정도로 삼선암은 울릉도의 대표 관광지라 찾는 이도 많을 듯해 안성맞춤이었다. 게다가 울릉도 사람들은 이곳의 풍경이 언제 가장 아름다운지 누구보다 잘 알고 있지 않은가!

    삼선암은 옥황상제의 세 딸이 울릉도의 물색에 반해 목욕 왔다가 돌아갈 시간을 놓쳐 옥황상제의 노여움을 사 바위로 변하고야 말았다는 전설이 있다. 언제 가도 푸른 바다와 시원한 하늘, 늘어선 바위의 풍경이 멋진 삼선암은 해 질

무렵이 가장 아름답다. 하늘과 삼선암의 세 바위, 바다색이 어우러진 모습이 얼마나 아름다운지. 그 모습을 되새기며 금빛 노을과 바다를 담은 삼선암 스노우볼을 완성했다. 금빛 펄을 넣어서 석양에 비친 반짝이는 하늘을 표현했다.

  울릉도 굿즈에 대한 수요가 늘어나니, 주변의 재능 있는 분들과 함께 협업할 기회도 하나둘 생겨났다. 울릉도에 정착해 다양한 울릉도 굿즈를 만들고 있는 울릉공작소, 일러스트 프로그램을 배운 울릉중학교 학생, 함께 플리마켓에 참여하던 캘리그라피 강사, 캔들 강사 등 울릉도에서 조용히 활동하고 있던 다양한 분야의 사람들과 함께 새로운 울릉도 제품을 만들고, 그들이 만든 핸드메이드 제품을 들여놓았다. 어느 순간 가게 한쪽 벽을 겨우 채우던 굿즈가 이제는 사면을 빼곡 채울 정도로 풍성해졌다.

첫 아르바이트생

독도문방구에 처음으로 아르바이트생이 생겼다!

엄마 가게에서 독립(이사) 후, 몇 달은 후회막심이었다. 엄마 가게에 얹혀살 때엔 개인 일정이 있거나 어린이집에서 애가 아프다는 연락이 올 때 엄마가 독도문방구를 덩달아 봐주셨는데, 독립한 뒤로는 오로지 나 홀로 가게를 운영하다 보니 잠시 은행일 보는 시간조차 빼는 게 쉽지 않았다. 꼼짝없이 가게에 매여 있어야 하니 몇 달간은 휴일마다 힘들어서 울 뻔했다. 특히 주말에는 도저히 혼자 운영하기 어렵겠다는 생각이 들어 결국 처음으로 아르바이트생을 채용하기에 이르렀다.

육지에서야 구인 구직 사이트나 어플에서 사람을 구하는 것이 당연하지만 나도 이제 울릉도 사람이 다 됐는지, 알음알음 소개를 통해 사람을 찾았다. 마침 코로나19로 휴교 또는 비대면 수업이 이어지며 울릉도 출신 대학생들이 육지를 떠나 울릉도로 피신해 와 있었다. 그들이 용돈벌이를 위해 과외도 하고 아르바이트를 찾으며 늘 인력난에 시달리던 울릉도에 구인보다 구직이 많은 요상한 상황이 생겨났다. 이렇게 젊은 친구가 울릉도에 있었어? 하며 사상 초유의 사태에 놀랄 뿐이었다.

  지금은 그 심각성이 더 커졌지만, 전부터 울릉도는 경상북도 내에서도 인구소멸 위험도가 가장 높은 지역에 해당했다. 청년들은 일찍이 청소년 때부터 육지로 유학을 떠나고, 돌아오는 이보다 떠나는 사람이 늘 더 많았다. 울릉도에 주민이 없어 인구가 소멸하면 우리 땅 독도에서 어업을 하거나 생활을 할 인구도 사라지는 것을 뜻하기에 늘 절박한 심정이었다. 그런데 청년들이 돌아오니 그 자체로 마을 분위기가 확 바뀌는 기분이 들었다.

  독도문방구의 첫 아르바이트생도 육지에서 대학을 다니다 휴학을 하고 울릉도로 돌아온 청년이었다. 대학생이 가게를 지키자 가게 분위기도 한층 어려진 것 같았다. 신상을 개발할 때면 요즘 트렌드에 부합한 제품인지, 사고 싶은 마음이 드는지, 미리 제품을 보여 주며 테스트해 볼 수도 있었다. 나는 당최 들을 수 없던 젊은이들의 연애담이며 평소 생각을 들을 수 있다는 점도 신선했다. 그렇게 가게는 새로운 시너지를 얻는 듯 했지만, 이런 상황은 오래 가지 못했다.

  팬데믹이 장기화되자 모든 것이 점차 일상을 되찾아갔다. 2학기 개학이 시작된 8월부터 점차 학교의 단체 주문이 되살아났고, 이는 학교의 정상화를 뜻하는 조짐이었다. 그와 동시에 대학생 아르바이트생도 슬슬 복학을 한다며 일을 그만두었다. 금방 새로운 아르바이트생을 구했지만, 그 친구도 곧 비대면 수업이 끝나서 등교를 해야 할 것 같다며 그만두었다. 가을이 되기도 전에 세 명이 넘는 대학생이 연달아 일을 그만두고, 그즈음 울릉도엔 더 뽑을 아르바이트생도 없었다.

    내가 어렸을 때처럼, 젊은이들에게 섬이란 답답하고 지긋지긋한 공간이라 빨리 떠나고만 싶었을까. 찬바람이 불기 시작하자, 대학생들과 관광객으로 북적이던 울릉도에서 젊은이들이 썰물처럼 빠져나갔다. 직원 없는 1인 기업, 원래의 독도문방구 체제로 돌아왔다.

울릉도를 채우는 청년들

젊은이들이 울릉도를 늘 떠나기만 하는 것은 아니다. 알바생 구하기는 언제나 어렵지만, 도시를 떠나 지역에서 자신만의 브랜드를 창업하고자 하는 재기 발랄한 청년들의 유입은 적지만 꾸준히 이어지고 있다.

울릉도 굿즈를 함께 만든 울릉공작소의 경우, 울릉도 한 달 살기 프로그램에 참여했다가 그대로 울릉도에 정착했다. 내 입으로 말하기 낯간지럽지만 울릉도에 오는 사람들이라면 대개 선물도 살 겸 구경도 할 겸 한 번쯤은 독도문방구를 찾아온다. 울릉공작소를 운영하는 효은 씨는 디자이너였다. 울릉도살이에 대한 여러 이야기를 나누다가 친해져서 협업으로까지 이어질 수 있었다.

또, 노마도르라는 로컬 콘텐츠 기획사를 만든 청년들도 처음엔 한 달 살기 프로그램으로 왔다가 브랜드를 만들고 이제는 '우리나라 가장 동쪽 영화제'를 개최하고 있다. 울릉도에서 영화제라니? 계속해서 무언가 재미있는 일들을 벌이는가 싶어서 흥미롭게 지켜보던 참이었다. 영화제를 개최하는 것을 보고는 기대로 마음이 두근두근 설렜다.

2019년 여름에 제1회 우리나라 가장 동쪽 영화제가 열렸을 때는 삶아 온 옥수수에 맥주 한잔을 하며 심야 상영작인 〈나의 산티아고〉를 봤다. 얼마 만에 만끽하는 낭만이란 말인가! 언젠가 정동진독립영화제 같은 소규모 영화제를 울릉도에서 개최하고 싶다고 꿈꾸었던 적이 있기에 이를 현실로 옮겨 준 이들의 활동에 박수를 치지 않을 수 없었다. 코로나19로 인해 영화제 운영이 쉽지 않았을 텐데도 현포항에 자리 잡고 매년 꾸준히 영화제를 개최하는 그들에게 열렬한 응원과 도움을 보태고 있다.

　울릉브루어리의 사장님은 나처럼 어린 시절 울릉도에서 서울로 유학을 떠났다가 다시 돌아와 수제 맥주 브랜드를 열었다. 그 외에 울릉도에 부임한 아내를 따라와 부산에서 운영하던 가게를 과감히 닫고 초밥집을 연 셰프도 있다. 독도마라톤에 매년 출전하고 해변가요제에서는 인기상 수상, 플로깅 등 행사에 적극 참여하며 활기를 더해 주고 있다.

　저마다의 이렇게 재미있는 생각을 품고 울릉도의 삶을 시작한 청년들이 있다. 우리가 한데 모이면 하나둘 더 재미있는 작당을 벌여 나갈 수 있지 않을까? 더 많은 사람이 울릉도의 매력을 알고 찾아오길 기대하는 요즘이다.

지구를 생각하는 소비

코로나 팬데믹으로 변한 많은 것 중 하나가 바로 온라인 주문이다. 처음에는 미미했지만, 코로나19가 장기화될수록 독도문방구의 온라인 주문은 조금씩 살아나고 있었다. 업종 불문하고 온라인 쇼핑이 대세가 됐다. 동시에 오프라인 매장의 중요도가 낮아지고 자본 부담도 줄어드니 SNS에는 갖가지 아이디어와 디자인, 소재, 콘셉트를 지닌 스몰브랜드가 쏟아져 나왔다. 특색 있는 작은 브랜드가 돋보일 수 있는 환경이 갖추어진 것이다. 트렌드에 발맞춰 독도문방구도 다양한 새 상품들을 구비하려 노력했다.

재미있게도 독도문방구 역대급 히트 상품은 한 손님의 아이디어로 만들어졌다. 코로나19로 피트니스가 문을 닫으니 홈트레이닝이 유행했는데, 한 손님이 홈트레이닝을 하며 레깅스에 받쳐 신을 만한 스포츠 양말을 만들어 보면 어떻겠냐고 제안을 했다. 그 아이디어에 힘입어 양말을 제작했는데, 이 양말이 독도 갈 때 태극기와 함께 필수 패션이 된 것이다. 독도문방구에서만 2만 족 이상 판매됐다. (귀인이시여!) 인기에 힘입어 스포츠 양말부터, 강치 인형 미니

키링까지 상품은 점점 다양해졌고, 기존 상품은 품질을 더욱 높여 제작했다.

  그 과정에서 가장 깊이 고민했던 것은 '어떻게 친환경 상품을 만들까' 하는 점이었다. 독도 강치 인형을 만들면서 생긴 환경에 대한 고민은 단순히 나의 욕심이 아닌 시대적인 니즈였다. 당장 코로나19와 같은 전염병만 하더라도 지나친 개발과 환경 문제에서 원인을 찾는 목소리가 드높지 않던가. 세상이 잠시 멈추자 자정 능력을 회복하는 듯한 지구의 아름다운 모습도 SNS에서 큰 인기를 끌었다.

  기후위기에 대한 시대적인 요구는 독도문방구를 찾는 손님들을 통해서도 느낄 수 있었다. 독도문방구 상품을 비닐봉투에 담아 주려고 하면 가져온 가방에 담겠다고 손사래를 치는 젊은 여행자들이 늘었고, 재사용하라며 쓴 비닐을 돌려주는 사람, 친환경 패키지로 포장한 제품 설명에 관심을 보이고 리사이클링 제품이 있는지 적극적으로 물어보는 분들도 있었다.

  울릉도는 자연환경을 보러 오는 관광지이기에 나 역시 이런 니즈에 더 부응해야 한다는 생각이 들었다. 투명한 바다색과 기암괴석을 보기 위해 울릉도에 방문하는데 관광객이 많아지고 쓰레기가 넘쳐난다면 이 섬에 오는 이유가 사라질 테니까.

  '독도' 하면 바로 '우리 땅'이라는 말이 나올 정도로, 독도와 울릉도는 우리 국토, 나아가 우리 주권 그 자체라는 상징성을 가지고 있다. 그러나 우리가 지켜야 할 것에는 단순히 '국토'만이 아니라 울릉도와 독도의 자연환경도 포함되어 있다.

　이렇게 시작된 환경에 대한 고민은 해안가 플로깅 같은 작은 실천부터, 굿즈 제작까지 다양한 방향으로 발전해 나갔다. 우선 봉투를 바꿨다. 제작하는 데에 장당 10원도 하지 않는 비닐봉투지만 몇백 년이 지나도 썩지 않는다고 하니 제작하지 않기로 결심했다. 대신 가격이 열 배 이상 비싼 EL724 생분해 친환경 봉투로 교체했다. 제품을 포장하는 OPP 비닐도 다소 구김이 가고 투명도는 떨어질지라도 땅에서 자연스레 썩는 재질로 교체했다. 패키지는 되도록 종이 포장으로 바꾸고, 울릉도에서 독도 텀블러를 구입하거나 사용하는 고객에게 주변 카페에서 사용할 수 있는 아메리카노 쿠폰을 드리는 이벤트도 열었다. 또 제로웨이스트샵에서 판매하는 고체치약, 대나무 칫솔, 발달장애인들이 만드는 친환경 비누 브랜드의 여행용 비누 세트 등을 들여 독도문방구 제품과 함께 전시하고 판매했다. 울릉도에서 한 번이라도 제로웨이스트를 시도해 볼 수 있으면 좋겠다는 생각에서였다. 일생에 한 번 올까 말까 한 울릉도, 독도 여행에서 새로운 경험을 통해 더 많은 사람이 환경에 관심 가질 수 있는 작은 계기가 되었으면 했다.

　바다 유리를 가공해 액세서리를 만드는 브랜드의 제품, 페트병 병뚜껑을 재활용해 만든 키링 등 다양한 리사이클링 브랜드 제품을 들여놓자 손님들도 점점 더 친환경 제품에 많은 관심을 주었다. 이런 작은 실천이 모여 우리 독도가, 울릉도가 오래오래 아름다운 자연환경을 유지해 나간다면 그야말로 모두에게 좋은 일 아니겠는가!

일과 가정 사이

울릉도 굿즈를 개발하면서, 시대적 트렌드인 말랑한 감성 일러스트 작업을 하는 작가들을 물색하기 시작했다. 그러다 홍단단 작가를 알게 되었다. 사과, 배, 구름을 형상화한 사물의 일러스트들이 따뜻하고도 귀여웠다. 작가의 SNS 계정을 찾고선 나의 전매특허인 '마음에 들면 바로 메일 보내기'를 실행했다. 며칠이 지나서 답장을 받았다. 아직 아이가 어려 언제 디자인할 수 있을지 확답할 수 없어 의뢰를 받아들이기가 어렵다는 내용이었다. 내가 그 마음을 모를까…. 마음이 짠하고 형언할 수 없는 감정이 밀려왔다.

사실 팬데믹 상황 속에서도 잘 버티고 있는 가게 사정과 달리 문방구를 접어야 하는 건 아닐까 또 다시 진지하게 고민하는 상황이 찾아왔다. 어린이집에서 둘째의 언어 발달이 많이 늦는 것 같다며 전문의 상담을 권했기 때문이다. 육지의 병원에 가 보니 모든 센터와 병원이 전부 진료 대기를 해야 했다. 코로나19로 말이 느려진 아이가 폭발적으로 늘었다고 말이다.

불안한 마음에 전전긍긍했다. 육지에 산다면 언제든 언어

* 154

치료를 꾸준히 다닐 수 있을 테지만 울릉도에선 그 어떤 치료도 쉽지 않기 때문이다.

  2020년의 겨울은 눈물만 흘리다 결국 아이의 치료도 가게의 운신도 아무 결론을 내리지 못했다. 겨울방학이 끝나고 다시 울릉도로 돌아오며, 언어 치료 센터와 병원에 1년 뒤에나 가능한 진료 예약을 걸어 두고 온 것이 내가 할 수 있는 유일한 대처였다.

  시댁에선 우리 집이 원래 언어 발달이 좀 늦는 편이라며 지금은 다 정상이지 않느냐며 괜찮을 거라고 위로하셨고, 반대로 각종 아동 발달 센터에선 5~7세가 지나면 치료 시기를 놓쳐 영원히 후회할 수도 있다며 나를 들볶았다. 늘 태풍 속의 배에 탄 것 같았다. 한껏 배가 들렸다가 흔들리며 낙하하길 여러 번. 할 수 있는 건 기도뿐이라 나는 일과 종교에 매달리며 그 나날들을 버텼다.

  천주교 재단의 유치원에 둘째를 보내면서 원장님과 수녀님께 아이의 언어와 상태에 대한 걱정을 상담했다. 아이에 대해 자주 묻고, 울고 웃으며 함께 아이를 키웠다. 특히 아이가 따랐던 수녀님은 아이가 수업에 집중을 못하거나 교실을 나가 혼자 돌아다니면 유치원 뒷동산에 단둘이 오르며 사랑으로 보듬어 주셨고 그 덕분인지 언어 능력이 많이 좋아졌다.

  그 격렬한 시간을 보냈기에 아이를 키우는 부모로서 홍단단 작가의 마음에 공감했다. 푸념 겸 걱정 겸 자주 연락을 주고받았는데 이듬해인 2021년의 초여름, 홍단단 작가가 아이가 조금 커서 그림을 그릴 수 있었다며 일러스트를 보내 주었다. 독도에서 자라는 식물을 그린 그림이었다. 이 일러스트로 꽃 스티커와 독도 마그넷 제품을 만들었다. 귀엽고 사랑스러웠다. 내가 만들었던 많은 제품 중에서도 특히나 애착이 갔다.

독도의 날

매년 10월 25일은 독도의 날이다. 독도문방구를 하는 내게 이날은 국경일보다 더 의미 있으며, 더욱 널리 알려 나가야 하는 날이기도 하다. 빵집이 발렌타인데이와 크리스마스가 대목이라면, 독도문방구의 대목은 단연 독도의 날이다. 당연히 여름 관광 성수기에 비할 만큼 바쁘다.

여러 학교에서 '독도의 날'에 맞춰 다양한 수업과 행사들이 이어지기에 유독 독도문방구의 상품을 찾는 곳이 많다. 2022년 10월이 되자 그간 사용하지 못한 예산을 쓰려는 학교들의 연락이 예년보다 더 늘었다. L파일은 포장을 못해 팔지 못할 지경이었다. 단체 주문이 이어지자 포장 속도가 주문 속도를 쫓아가지 못해 홈페이지를 며칠 닫아 놓기까지 했다. 나 혼자 가게 보랴 포장하고 택배까지 쌀 여력이 없었기 때문이다.

정신없이 바쁜 와중에 의외의 연락이 왔다. 한 기업에서 자사 앱에 사이버독도지점을 열며 이벤트를 개최하는데, 그 이벤트 선물을 독도문방구에 의뢰하고 싶다는 것이었다. 독도 에코백과 독도 소주잔 같은 인기 상품을 정가로

200세트나 호쾌하게 주문했다. 단 모든 포장과 배송을 독도문방구에서 책임지고 진행한다는 조건이었다.

학교 주문과 기업 납품이 같은 시기에 몰린 데다 뭐에 씌기라도 한 것처럼 포항MBC에서도 연락이 왔다. 독도의 날 특집 방송에서 퀴즈를 출제하는 패널로 초청하고 싶다는 것이었다. 또 경상북도에서 지원한 유튜브 인플루언서의 팜투어 촬영지로 독도문방구가 뽑히기까지! 눈코 뜰 새 없이 바빴다. 10월 내내 동분서주하느라 집에 들어오면 나사가 하나 빠져나간 것 같았다. 그럼에도 '혼자 잘해 나갈 수 있다'라는 오기에 누구에게도 도움을 요청하질 못했다. 집에서 애들을 재워 놓고 새벽까지 포장 작업을 이어나갔다.

그러다 결국 문제가 터졌다. 호언장담하며 계약을 했는데, 재고 파악을 못한 사이 가게에서 상품이 많이 빠져나가 납품해야 할 독도 소주잔의 재고가 일부 동이 난 것이다. 10월 중순에 이를 파악했지만 제작에 보름이 걸려 상품을 발송해야 하는 시기에서 일주일 정도 늦어지는 시간차가 발생했다.

* 158

그 사이 기업 CS팀에서는 난리가 났다. 모든 책임을 독도문방구에서 지겠다고 말씀드렸지만, 결국 사과 전화를 일일이 돌리는 것으로 마무리가 됐다. 업력이 8년이 지났음에도 제날짜에 일을 해내지 못했다는 것이 부끄러웠고, 좋은 기회를 얻었지만 마무리까지 아름답진 못했다는 게 창피했다. 이때의 경험이 너무 사무쳐 이젠 일정이 조금이라도 틀어질 것 같으면 지레 주문을 거절한다.

그러나 당장은 후회의 눈물을 흘릴 시간도 모자랐다. 독도문방구의 대목, 독도의 날이 아직 끝나지 않았기 때문이다. 아직, 한 온라인 쇼핑플랫폼에서 독도의 날을 맞아 진행하는 라이브커머스가 남아 있었다.

독도의 날을 코앞에 둔 10월 24일, 매년 독도의 날 즈음에는 언제나 그렇듯 날씨가 좋지 못했다. 스태프들이 오징어잡이 어선을 빌려 하루 전부터 독도에 미리 입도해 장비를 세팅했고, 나머지 출연진들은 새벽같이 행정선으로 입도했다.

대한민국 역사 바로 알리기에 선봉장 역할을 하고 있는 서경덕 교수님과 쇼핑호스트의 진행으로 라이브커머스가 시작됐다. 바람 부는 독도에서 독도문방구의 베스트셀러가 전국에 소개됐다. 라이브커머스로 올린 매출은 그리 높지 않았지만, 화제성으로 보도가 많이 된 덕분인지 이날을 기점으로 매년 독도의 날이면 독도 관련한 라이브커머스 진행 소식이 들려온다.

내심, 이제 독도문방구가 너무 유명해져 바빠지지 않을까 걱정도 됐다. 물론 그런 일은 벌어지지 않았다. 독도의 날이 지나고 나니 언제 그랬냐는 듯, 독도문방구는 제 속도를 되찾았다.

울릉도에 불어온 바람

울릉도 주민들의 숙원이었던 여객선 문제가 드디어 해결되었다. 2022년 코로나19의 여파로 중국과 제주를 오가는 승객이 감소하자, 그 항로를 운행하던 대형 크루즈 여객선이 울릉도행 여객선으로 온 것이다. 이 배가 취항하자 태풍 정도가 아닌 이상에야 기상 악화로 배가 뜨지 않는 일이 없어졌다. 날씨따라 여행 일정이 좌지우지되던 과거의 울릉도가 아니었다. 여행 일정이 담보되기 시작했다. 대형 여객선의 취항과 동시에 홈쇼핑으로 울릉도 여행 상품이 공격적으로 출시되었다. 여전히 해외여행이 쉽지 않은 시기라 더욱 인기가 좋았다. 개인 손님 위주였던 2020~2021년에 비해 2022년 울릉도는 다시금 패키지, 단체 관광객이 몰려들며 봄부터 길에 사람이 넘쳐났다.

 새 배의 출현은 울릉도에 새로운 현상을 몰고 왔다. 그저 관광객이 늘어난 것으로 끝이 아니었다. 여행사와 단체 관광객이 선표를 미리 확보해 버리자, 개인 여행자들은 여유롭게 미리 예약하지 않으면 표를 구할 수 없었다. 울릉도 주민조차도 봄 성수기에는 표를 구하지 못할 정도였다.

인터넷 예매에 취약한 어르신들은 아침 7시에 매표소가 문을 열기도 전부터 줄을 서서 당일 취소표를 구해야 했다. 배표를 구하는 게 울릉도 내 사회문제가 될 지경이었다.

울릉도 개척 이래 최고치라는 42만 명이 울릉도를 방문했다는 기사가 나올 정도로 2022년은 역대 최고 관광객이 입도한 한 해였다. 이에 영향을 받아 경북 지역 내 지역 소멸 1번지로 꼽히던 울릉도의 인구도 관광 경기 호조로 인해 8천 명 초반에서 9천 명까지 늘었다.

관광 경기가 좋아지자 타지에서 전입한 사람들이 카페며 식당을 창업했다. 고등학교를 졸업하면 육지로 나가는 것이 당연했던 울릉도 청년들도 창업이나 공무원 시험을 준비하며 울릉도에 자리 잡는 경우도 왕왕 생겨나 변화를 감지할 수 있었다.

2020년 초까지만 해도 울릉도를 통틀어 8개 정도에 불과했던 카페는 2022년 17개까지 늘었다. 한 동네에 같은 업종은 1~2개만 영업하는 게 울릉도의 암묵적인 약속이었는데 그때부터는 무한 경쟁으로 치닫기 시작했다.

일찍 가게를 닫기도 하고, 갑작스레 "육지 갑니다" 쪽지 한 장 남겨 놓고 가게를 비우는 게 울릉도의 오리지널 장사 스타일이었다면, 젊은 사장님들이 늘면서 고객 맞춤, 고객 우선을 외치며 운영 시간을 엄수하고 가격도 저렴하게 내리고, SNS에 이벤트나 공지사항을 올리며 편의를 제공하기 시작했다. 사실 도시에서 보자면 너무 당연한 것인데 울릉도에서는 낯선 방식이었다.

팬데믹에 새로 생긴 가게들은 청년이나 육지에서 이주한 사람들이 차린 곳들이라 가게 공사 때부터 소문이 자자했다.

"저동에 새로 공사하는 집, 완전 육지 카페 같더라."

"메뉴도 좀 새로운 거 하려나? 제발 못 보던 디저트도 팔면 좋겠다!"

"그 가게 주인 베이킹도 배웠대."

기대와 흥분, 걱정과 질투가 오가며 울릉도 사람들도 매번 똑같은 따개비밥, 산채비빔밥이 아닌 '새로운 가게', '새로운 메뉴' 좀 만나 보자며 염원했다.

울릉도 사람들이 얘기하는 '울릉도 스타일'이라는 말은 사실 모종의 불편을 내포하고 있다. 나도 울릉도 스타일에 적응하기까지 1~2년은 걸렸던 것 같다. 수리나 AS 서비스 예약을 해도 오지 않고, 연락도 받지 않는 일이 부지기수다. 이런 울릉도 스타일에 적응하기까지 이를 이해할 시간과 육지와는 다른 해법이 필요했다. 지인을 통해서 부탁하는 방법 같은 것들 말이다.

그런데 젊은 사장들이 늘면서 이러한 일들도 옛말이 되었다. 세련된 인테리어, 친절, SNS로 소통하며 영업하는 사장님들이 등장하고, 영업 1~2년 만에 인터넷에서 '울릉도 맛집'으로 등극하자 장사의 판도가 빠르게 변화했다.

여관과 모텔, 민박 정도이던 숙박업소도 펜션과 독채민박, 옛집을 리모델링한 독채펜션 등 색깔이 다양해졌다. 바야흐로 춘추 전국 시대가 시작되었다.

사실 이러한 변화의 시작은 2018년에 문을 연 '코스모스 리조트'의 영향이 있었음을 부정하기 어렵다. 울릉도 최초로 대기업에서 투자하여 건설한 브랜드 리조트라 다들 말도 많고 관심도 많았다. 위치도 울릉도에서 경관이 빼어난 송곳산 바로 아래에 자연과 조화를 이루며 자리 잡고 있다.

오픈 후 바로 이어진 팬데믹으로 해외여행이 막히자 국내로 눈을 돌린 신혼여행객들에게 성지라 할 만큼 인기 있는 곳이 되었다. 리조트가 만든 10미터 넘는 고릴라 캐릭터는 어느새 울릉도 여행 필수 인증 사진 코스가 되었다. 울릉도에 새 바람을 불러온 핫 스폿의 영향력은 대단했다. 문제는 리조트의 인기에 힘입어 다양한 리조트 관련 굿즈들이 발빠르게 개발되며 독도문방구의 라이벌로 등극했다는 점이다.

규모가 비교조차 되지 않는 막강한 경쟁업체의 등장에 위기감이 증폭되며 나는 한동안 엄청난 스트레스에 시달렸다. 2014년 오픈한 이래 독도 기념품으로는 나름 독보적인 위치를 점하고 있다고 생각했는데, 하나둘 강력한 경쟁자들이 속속 출현했다. 리조트뿐만 아니라 새로 생긴 카페들이 각자의 차별화를 위해 굿즈를 제작하기도 했다. 사람이 몰리니 경쟁이 치열해지는 것은 자연의 섭리라지만, 그 상황이 닥친 당시에는 속이 많이 쓰렸다. 과연 이 경쟁에서 내가 살아남을 수 있을까?

~~~
로컬의 힘!

위기감에서 시작된 나의 고민은 '독도문방구만의 경쟁력은 무엇인가'라는 질문으로 이어졌다. 그즈음, 모종린 교수님의 로컬 관련 온라인 강의를 듣게 됐다. 3주에 한 번씩 책을 읽고 토론하는 방식으로 수업이 진행됐는데, 놀랍게도 나 외에도 군산, 부산, 강릉 등 여러 지역에서 창업을 준비하는 청년 30여 명이나 수업을 함께 들었다.

'청년들이 로컬에 이렇게 관심이 많다고?'

강의를 듣는 사람들끼리 자신이 거주한 지역과, 그곳에서 하고 있는 일을 소개하는 시간이 있었다. 그곳에서 나는 주목의 대상이었다. 학생 때부터 내가 '울릉도에 산다'라고 말만 하면 모두의 주목을 받는 것은 순식간이었다. 어릴 적에는 영 반갑지 않았던 울릉도 특수 효과랄까. 하지만 이 강의에서는 달랐다. 저마다 자기 지역에서 특색을 찾아 나가고자 하는 이들이었기 때문에 그들과의 교류는 반가운 일이었다.

강의 내용도 내겐 상당히 고무적이었다. 비슷비슷한 브랜드에 염증을 느낀 소비자들이 스토리가 있고 색다른 체험을 주는 로컬브랜드를 환호하는 시대가 왔다는 교수님의 말씀에 쪼그라들었던 내 자신감도 조금씩 회복되는 게 느껴졌다. 로컬의 특색 있는 브랜드를 백화점에 입점시키거나, 팝업스토어로 소개해 소비자들의 입맛을 맞추는 게 최신 트렌드라는 사실이 새삼 신기했다.

도시와 같은 인프라가 구축되어 있지 않아 그저 버텨야만 하는 로컬을 동경한다니? 처음엔 의아했지만 사례로 등장하는 로컬브랜드의 스토리를 듣다 보니 이해가 됐다. 그중엔 내가 이미 관심 갖고 지켜보던 곳들도 상당히 많았다. 시대는 이미 변화하고 있었다.

'그래, 나는 울릉도 찐로컬이잖아! 누구보다 울릉도와 독도에 대해 고민하고 있잖아!'

울릉도에 대해 누구보다 잘 아는 사람은 나라는 사실을 상기하고 나니, 내가 모르는 세계에 달려들기보다 내가 잘 알고, 잘하는 것에서 독도문방구의 강점을 찾아야겠다는 생각이 들었다.

자꾸 등장하는 경쟁업체들에 대해서도 다른 시각으로 바라보기로 했다. 대기업의 자본력과 물량 공세를 이길 수 없을지 몰라도, 독도문방구와 비슷한 규모의 자그마한 가게들과는 오히려 상생할 수 있을 것도 같았다.

울릉도 곳곳에 새로 생긴 소품샵들은 사진 엽서를 파는 곳도 있고 아기자기한 소품들을 채운 가게 등 각자의 강점이 달랐다. 이들 덕분에 독도문방구의 상품만으로 만족하지 못하던 관광객들에게 울릉도 소품샵 투어라는 새로운 카테고리의 관광이 열렸다. 나는 그 사람들에게 독도문방구의 강점과 아쉬운 점을 직접 들으며 독도문방구만의 방향성을 잡아 나갔다.

툰베리와 플로깅

거의 매달, 동창들이며 선배들이 "울릉도 가려면 어떻게 해야 해?" 하고 연락했다. 십여 년간 연락이 닿지 않던 지인들의 연락까지 받으니, 정말 울릉도가 인기 여행지가 되긴 했나 보다 느꼈다. 그러면서, 이럴 때일수록 환경에 관한 새로운 일을 벌여 보고 싶은 욕심이 커져 갔다.

사실 내가 울릉도에서 독도문방구 말고 그나마 적을 두고 열심히 활동하는 단체는 성당 주일학교 아이들을 위해 간식 봉사를 하는 자모회와 사랑의 열매 반찬 봉사팀 정도가 전부다. 그나마도 팬데믹 때문에 모든 게 멈췄다. 그런데 어느 날, 도동성당 안에 환경을 위한 모임이 생겼다.

팬데믹 기간엔 성당도 방역 지침에 따라 미사 외에는 일체의 회합이나 활동이 중지되었다. 그러던 중, 교황님의 권고로 팬데믹 시기 모든 성당에 '생태위원회'라는 지구를 위한 활동을 도모하는 모임이 만들어졌다. 지난 2년간은 별다른 활동이 없었다. 그러나 2022년이 되자 생태위원회에서 텀블러를 적극 나눠 쓰고, 성당 마당에서 벼룩시장을 열기도 했다. 그레타 툰베리의 다큐멘터리 영화를 본 것도 이때였다. 마침

'우리나라 가장 동쪽 영화제'의 상영작 중 하나가 툰베리의 다큐멘터리였다.

  기후위기를 알리며, 정부와 단체에 변화를 촉구하기 위해 1인 시위를 하는 여자아이라고만 알고 있었는데, 그의 투쟁이 담긴 다큐멘터리를 보자 '하물며 저 아이도 저렇게 하는데…' 하고 어른으로서의 반성이 들었다. 특히나, 2019년 툰베리가 뉴욕에서 열리는 유엔 기후행동 정상회의에 참석하기로 결정하고, 자신의 원칙대로 비행기를 타지 않기 위해 14일간 배를 타고 대서양을 건너는 장면은 압권이었다. 강풍, 파도, 악천후에 배를 타는 것이 무엇인지 아는 나로서는 상상도 할 수 없는 결정을 저 어린아이가 하고 있었다!

  영화제에서 만난 툰베리의 다큐멘터리는 마치 내게 환경과 관련된 일을 벌려 보라는 계시 같았다. 그래서 우선 아이들과 바다에 갈 때마다 플로깅을 하며 SNS에 해시태그로 울릉도 플로깅을 게시했다. 마침 다국적기업의 지원사업으로 플로깅 활동 예산을 마련한 노마도르 청년들이 플로깅을 할 울릉도 주민과 관광객들을 모아 주었다. 수십 명의 참여자들이 모인 오픈채팅방에서 각자 플로깅을 한 사진을 인증하며 다양한 의견을 주고받았고 나도 내가 가능한 시간에 부담 없이 활동에 참여했다. 이 모임은 현재까지도 꾸준히 인증 사진을 올리며 활동이 이어지고 있다. 함께란 건 얼마나 아름다운지!

  그즈음 〈이상한 변호사 우영우〉의 인기가 하늘을 찔렀고,

고래와 환경 그리고 플로깅에 대한 관심도 커져 갔다. 독도문방구에서도 고래 관련 굿즈의 매출이 급상승할 정도였다. 일시적인 유행으로 그치지 않고 이 관심이 계속되길 바라던 나는 이 활동을 더 넓게 확장하고 싶어 성당 생태위원회에서도 주일학교 어린이들과 월 1회 플로깅을 했다. 그 더운 여름 부모 손에 이끌려 참여한 아이들은 얼굴이 발개지고 땀을 뻘뻘 흘리면서도 뿌듯해했다. 아이들이 이 보람을 잊지 말고 지구를 위한 작은 실천을 지속하는 어른으로 자라나길 바라 본다.

내향인 문방구 주인의 손님 접객법

교육을 듣기 위해 대구를 자주 들락거리던 때의 일이다. 대구의 유명 문구, 소품샵 몇 군데를 찾아 들렀는데, 그중 하나인 '롤드페인트'라는 가게에서 그만 감탄을 금치 못했다. 마스킹테이프 단일품으로 가게를 운영하는데, 디스플레이며 다양한 상품군도 좋았지만 가게 입구에서부터 만날 수 있는 주인장의 센스가 혀를 내두를 지경이었다. 손님에게 하나하나 테이프를 써 보라고 권하며 응대하는 모습에 정말 큰 감명을 받았다. 손님을 진심으로 대하는 게 느껴졌고, 자신들의 제품 설명에서 애정과 자부심이 느껴져 지갑이 절로 열리는 경험을 한 것이다.

몇몇 가게를 방문하고 돌아오는 길에도 그 주인장의 모습이 잊혀지질 않았다. 동시에 우리 가게에 오시는 분들과 눈도 잘 맞추지 못하고 손님들이 말을 걸어야 겨우 대꾸하는 무뚝뚝한 내 모습이 부끄럽고 잘못된 것으로만 느껴졌다. 부담 갖지 않고 편하게 가게를 둘러볼 수 있도록 말 안 거는 게 배려라고 생각했는데, 어쩌면 독도문방구에 오는 손님들도 이런 친절함을 바라지는 않을까 하는 생각이 불쑥 들었다.

하지만 타고난 내향인이 하루아침에 바뀔쏘냐. 아무리 다짐에 각오까지 단단히 여며도 막상 손님이 문을 열고 들어오면 어찌할 줄 모르고 목소리는 기어들어만 갔다. 그나마 노력 끝에 쭈뼛쭈뼛 눈치를 보다가 손님들께 뱃멀미는 하지 않았는지 운을 떼어 볼 수 있게 됐다. 먼저 말 거는 게 늘 어색하지만, 흔쾌히 답해 주는 손님들과는 점차 더 많은 이야기도 나눌 수 있게 됐다. 울릉도 사람들은 보건소에서 멀미약을 산다는 둥 멀미약 정보를 전한다든지, 오늘은 어디로 여행을 할 것인지 조심스레 묻고 비 오는 날의 추천 여행지 같은 것을 공유해 주기도 했다.

물론, 나도 사람인지라 인파가 몰리는 한여름 성수기에는 말 한마디 건네기도 어려울 만큼 지칠 때가 있다. 이른 아침부터 제발 일찍 가게 문을 열어 줄 수 없느냐, 또는 늦게까지 열어 줄 수 없느냐 하는 애틋한 간청 전화에 진이 빠진다. 게다가 사람을 만날수록 기력이 빠지는 내향적 성격이기에, 이런 업을 하는 것이 맞나 스스로 자책할 정도였다. 웃으며 사람을 응대하는 것이 얼마나 에너지를 쏟는 일인지 자영업을 해 본 사람이라면 모두 알 것이다. 더욱이 마치 무료 전시관에 들어온 양 우르르 몰려와 사진만 찍고 나가 버리는 관광객들을 보면 온 몸에 힘이 쭉 빠져 버리곤 한다.

제주도에서 작은 동네서점을 운영하시는 분이 '책 한 권

사지 않고 인증 사진만 찍는 사람들을 보며 이 업을 계속해야 할지 고민된다'라는 글을 올린 것을 보고, 그게 어떤 기분인지 공감했던 기억이 난다. 나 역시 한여름 성수기를 겪고 나면 늘 회의가 몰려왔다.

그렇지만 울릉도까지, 그리고 우리 가게까지 찾아와 주신 분들이 아닌가. 내 가게에 온 손님들과 눈 한 번 맞추지 않고 물건만 사고 나가면 그만인 각박한 주인장이 되고 싶지는 않다.

한 번씩 도시에 나가 보면, 내가 다시 도시에서 살 수 있을까 걱정이 들 정도로 도시는 빠르게 바뀌어 있다. 요즘 큰 매장들은 직원과 대화 없이 키오스크로 물건을 사고 음식을 주문할 수 있다. 배달은 또 어떤가? 앱만 켜면 모든 게 집 앞까지 도착한다. 말 한마디 없이 스르륵 혼자 주문하는 것이 당연해지는 곳들이 많아졌다. 처음엔 그런 기계가 낯설어 주문할 때면 막막하고 답답한 기분마저 들었다. 그래서 적어도 우리 가게에서는 앞으로도 계속 사람이 사람을 응대해야겠다고 다짐했다.

그러니, 혹시라도 독도문방구에 온다면 말 없는 주인장에게 미리 실망하지 말고 눈인사 한 번 먼저 건네주어도 좋겠다. 말문만 트이면 울릉도에 대한 온갖 정보를 다 줄 준비가 되어 있으니 말이다!

천국과 지옥 사이 팝업스토어

2022년 가을에 접어들 무렵 세계는 팬데믹 상황에 완전히 적응한 게 아닐까 싶을 정도로 예전의 여유를 되찾는 것처럼 보였다. 백신 접종 후 해외여행이 슬슬 재개되기 시작했고, 엔데믹을 얘기하는 언론들도 생겨났다.

앞으로 세계가 또 어떻게 변할지, 독도문방구에는 또 어떤 일이 벌어질지 한 치 앞도 모르지만, 찬바람이 불기 시작하자 내 마음은 울릉도 여름 성수기가 끝났다는 홀가분함만 남았다. 독도문방구도 천천히 겨울방학 준비에 들어갔다. 그러던 중에 메일이 한 통 왔다.

대형 복합쇼핑몰을 운영하는 대기업이었다. 팝업스토어를 할 생각이 있느냐고?

언젠가부터 유행을 타기 시작한 팝업스토어는 거대한 트렌드가 되고 있었다. 워낙 유명한 굿즈 디자이너들이며 식당들이 팝업스토어를 열기에, 나 또한 팝업에 대한 로망은 당연히 있었다. 내년 2월에 '신학기 맞이 문구 대전 및 낙서 이벤트'를 열 준비 중인데, 다양한 문방구, 어린이들을 위한 제품을 다루는 브랜드를 발굴하다 독도문방구를 찾았다는 것이다.

맙소사! 대출 빚을 내서라도 이 팝업은 무조건 해야 한다! 내 모든 걸 불태우리라! 포토존도 번쩍번쩍하게 만들어서, 그 사진이 SNS에서 화제가 되도록 해야지! 암! 단연코 해내고야 말리라!

팝업까지 남은 시간은 두 달. 나는 체크 리스트를 만들어 준비를 시작했다. 가장 큰 걱정은 아침 10시부터 저녁 10시까지 쉴 틈 없는 운영시간이었다. 매일 점심, 저녁식사를 거를 수도 없고, 혼자 12시간 가게를 보는 것도 불가능했기에 아르바이트를 구하는 문제, 제품 수송, 판매할 제품 결정, 수수료, 매장 내 카드단말기, 팝업 부스 디자인 등 할 일이 꼬리에 꼬리를 물고 등장했다. 결국 포기할 것들은 포기하고 쉽게 가기로 했다.

팝업스토어는 정말이지 아이디어와 재력과 발품으로 만들어지는 것이었다. 팝업스토어 부스, 또는 일부 선반만 대여해 주는 업체도 있는데, 당시 나는 그 사실을 몰라 부스를 어느 업체에 맡겨야 할지, 디자인은 어떻게 할지 모든 게 깜깜했다. 다른 팝업스토어를 본 경험도 없었기에 더 막막했다.

제일 큰 고민은 '재고'였다. 즉석으로 만들어 낼 수 있는 상품이 아니라 미리 생산한 공산품을 파는 독도문방구이기에 얼마만큼의 재고를 준비해야 할지 난감했다. 혹시라도 반응이 좋아 팝업을 시작하자마자 물건이 다 빠져서 모자라면 어떡하나 하는 상상에 빠져 빚까지 내가며 제품을 꽉꽉 채워 생산했다. 독도문방구에서 잘 팔리는 아이템은 물론이고 새로 개발 중인 제품까지 이참에 시험해 보자 싶어 평소의 두세 배 물량을 만들었다. 이번 기회에 도시인들에게 제대로 눈도장을 찍어야지! 포부와 기대에 휩싸여 팝업이 시작하는 2월 15일을 목표로 공장들을 재촉해 가며 생산을 서둘렀다.

무엇보다 더 늦기 전에 아르바이트 인력을 구해야겠다는 생각이 들었다. 팝업 이벤트를 총괄 진행하는 실장님께 아르바이트 인력을 알아봐 달라고 부탁했더니 솔직한 조언이 돌아왔다.

"팝업이 죄다 흑자가 나는 게 아니더라구요. 인건비도 한 달에 200만 원 이상 주셔야 해요. 일단은 사장님이 혼자 해 보다 정 안되면 아르바이트를 쓰세요."

애초엔 마이너스가 되더라도 팝업을 웅장하게 열고 싶었지만, 팝업 기간 머물 나의 원룸 임대비, 내 최소한의 생활비와 식비, 거기에 인건비를 또 쓰려고 하니 시작 전부터 계속 셈을 하게 되었다. 하루 매출이 최소 얼마가 되어야 하나? 정산일은 언제지? 하루에도 마음이 천국과 지옥을 오갔다.

팝업 전날, 밤 12시부터 부스 설치를 시작해 오픈 날은 하루 종일 강행군이 될 테니 낮부터 자두려 했지만 설렘과 걱정에 눈은 말똥말똥 잠들지 못했다. 마음이 조급해 두 시간이나 일찍 매장에 나가 기다렸다가 부스 설치를 시작했다. 주변을 둘러보니 독도문방구 외에도 '태국문방구', '사과떡볶이' 같은 평소 내가 눈여겨보던 브랜드들도 함께 출점해 있었다. 다른 곳들은 모두 듬직한 2~3명의 직원들이 나와 뚝딱뚝딱 팝업 부스를 만들고 제품들을 세팅하고, 마무리했다. 나 혼자 박스를 하나하나 뜯고 있자니 왠지 모르게 서러운 마음도 들었다. 하지만 그런 감상에 젖을 시간조차 없었다. 새벽 4시가 넘어서야 겨우 설치를 끝내고 쓰레기를 치우고, 가격표를 붙이고, 재고를 창고에 옮겨 정리했다. 이런, 어느덧 해가 뜰 시간이었다. 10시 오픈을 위해 한시라도 빨리 잠을 자야 할 것 같아서 숙소로 돌아와 쪽잠을 잤다.

그렇게 대망의 팝업스토어 오픈일이 밝았다.

≈≈≈
울릉도 안 개구리

팝업 경험이 많은 사과떡볶이 사장님의 말로는 우리가 팝업스토어를 연 곳은 어린 자녀를 둔 젊은 부부들과 MZ 세대들이 많이 찾는 쇼핑몰이라고 했다. 울릉도 전체에 아이들이 채 100명도 안 되는데 이곳에서 하루 종일 유모차를 보니 몇 년 동안 볼 어린이들을 이 팝업 기간 중에 다 만난 것 같았다. 어린이들과 젊은 엄마들, 생기 있는 학생들을 보며 '이곳이 도시구나!' 싶어 활력이 생기기도 했다.

이런 소회는 그래도 며칠이 지나서야 든 생각이고, 오픈과 동시에 결제 시스템을 익히느라 우왕좌왕했다.

"오늘 하루만 해도 이렇게 힘든데 이걸 보름동안 어떻게 해?"

팝업 첫날부터 하루 12시간 운영이라는 살인적인 스케줄은 나를 공포로 몰아넣었다. 심지어 세 시간도 채 못 잤지 않은가? 오전엔 긴장으로 그나마 버틸 만했는데 오후 3~4시가 지나자 온 몸이 후들거리고 다리는 퉁퉁 부어 부서질 것 같았다. 손님을 맞이하는 일이라, 앉아 있을 수도 없어서 오후 8시부터는 제발 마감 시간이 오기를 기다릴 정도였다.

오픈 첫 3일은 꽤 사람이 몰려 성황이었다. 신학기 콘셉트에

낙서를 할 수 있는 이벤트 구역에는 아이를 맡길 수도 있어서 호기심을 느낀 어린이들과 부모들이 몰려 구매도 하고 독도문방구에 대해서도 많이들 물어봐 주어서 신기했다. 그러나 주말 하루 12시간을 운영해도 울릉도 매장과 비슷한 매상이 나오는 것을 보니 점차 마음이 비워졌다. 운영 두 번째 주부터는 최종 정산 때 마이너스가 날까 봐 매일 계산기를 두드렸다.

슬슬 예상했겠지만, 독도문방구 팝업은 결과만 보면 대박이 나지 않았다. 독도문방구가 SNS에서 화제를 모으는 브랜드도 아니고, 캐릭터 파워가 있지도 않다. 모든 것이 끝나고 나서 되돌아보니 '냉정하게 나의 입지를 파악하지 못하고, 팝업에 뛰어들었구나' 반성이 되었다.

내 딴에는 팝업 기간에만 선보이는 독도문방구 신제품도 대거 선보였지만, 대형 쇼핑몰 안에 다섯 개가 넘는 다양한 문구 브랜드가 입점해 있다 보니 그들과 경쟁 아닌 경쟁을 해야 했다.

이 팝업에서 얻는 것이 매출이 아니라면, 난 어떤 것을 얻을 수 있을까? 퇴근하고 원룸에서 맥주 한 캔을 들고서 고민하다 보니 답이 나왔다. 단 몇 명에게라도 '독도문방구'라는 브랜드를 알려야 한다는 생각이 들었다.

다음 날부터 매대 앞에 태극기를 게시하고, 울릉도 여행 지도를 나눠 주기 시작했다.

"어디서 운영하는 곳이에요?"

"울릉도에서 제가 직접 운영하는 가게에요. 독도로 가는 배가 있는 저동항구에서 5분 거리에 독도문방구가 있답니다."

"네?"

여행 지도를 나눠 주니 개인이 아니라 지자체에서 하는 기획전이라고 착각하는 분들도 있었다.

일주일이 지나자, 시간별 고객층과 그 특성도 파악할 수 있었다. 오전이면 아이들을 등원시키고 들르는 젊은 엄마들, 2~3시께가 되면 학교를 마친 학생들, 오후엔 직장인들과 장보러 나온 맞벌이 부부로 연령대가 확연하게 달라졌다. 엄마들은 팝업 매장에도 관심이 많고 호의적인 반면 저녁에 오는 부부나 가족 손님들은 또 달랐다.

팝업을 하는 동안 이 쇼핑몰의 주인인 대기업의 치밀함에 혀를 내두르는 경우도 많았다. 우선, 팝업을 시작하는 날이 왜 주말이 아닌 목요일부터일까 궁금했다. 이는 이곳 시스템과 정산이 처음인 개인 자영업자들이 주말에 손님이 몰리기 전, 하루 정도 팝업스토어를 운영해 보라는 테스트 데이로 마련해 준 배려였다. 게다가 고객들은 나에게 직접 항의하지 않았다. 모두들 고객센터를 통해 항의했다. 심지어 실밥조차도 항의의 대상이 되어 전화를 받자, 도시 사람들 속에서 팝업을 운영하는 것이 조금 무서웠다. 또 문의도 얼마나 많은지! 이 지우개는 왜 만들었냐? 의미가 뭐냐? 다양한 문의가 고객센터에 접수되었고, 고객에게 직접 연락을 할 수도 없기에 나는 상담원에게 대신 대답을 전달할 수밖에 없었다.

그런 시간을 겪으니 하루빨리 팝업이 끝나고 울릉도의 내 작은 가게로 돌아가고 싶은 마음이 간절했다.

이고 지고 온 모든 상품의 재고가 남은 데다가 팝업 매장에서 쓴 부스도 혹시나 쓸 일이 있을까 싶어 울릉도로 가져가려니 돌아가는 짐은 올 때와 비교해 줄어들지도 않았다. 그래도 드디어 팝업이 끝났다는 사실이 반가웠고, 우물 안 개구리로만 독도문방구를 운영했던 내게 대도시 쇼핑몰에서의 팝업스토어는 시야를 넓혀 주었으니 나름 절반의 성공이라 스스로를 위안하며 기쁘게 울릉도로 향했다.

그 뒤로도 여러 쇼핑몰과 백화점에서 팝업을 제안하는 전화를 받았다. 이제는 단칼에 "팝업스토어는 진행할 여력이 안 됩니다"라고 답한다. 한번 해 보고 나니, 아무 미련 없이 내가 할 수 없는 제안들은 거절할 수 있었다.

최근에 한 예능 프로그램에 등장한 어느 유튜버가 그동안 번 돈을 팝업 굿즈 만드느라, 다 써 버렸는데 그 재고가 아직도 무지하게 남아 있다는 인터뷰를 보고 그 마음을 충분히 이해할 수 있었다. 씁쓸하지만, 꽤 공부가 된 경험이었다.

독도문방구, 직원 채용!

방학이 끝나고 젊은 친구들이 울릉도를 떠난 뒤로, 사람 구하기가 어려웠던 나는 나이가 엄마뻘인 분을 아르바이트생으로 채용하기에 이르렀다. 내가 가입해 있던 단체의 사무국장님이었는데 60세가 되어 정년퇴임을 하신다는 말씀에 단박에 "우리 가게에서 일해 보지 않으실래요?" 하고 청했다. 서로 잘 아는 사이이기도 했고 주말 근무가 가능했으며 무엇보다 책임감이 있는 분이었다. 1년 넘게 함께했지만 겨울에는 독도문방구가 문을 닫아 일을 지속할 수 없다 보니 아쉽게도 결국 그만두셨다.

  울릉도에서는 조건에 맞는 사람을 채용하는 것이 아니라 최대한 서로의 근무 조건을 맞추어야 한다. 그렇게 여러 명의 아르바이트생을 거쳐서, 독도문방구에 드디어 첫 정식 직원이 생겼다. 큰 기대 없이 군청 게시판에 글을 올렸는데 한 시간도 안 되어 연락이 왔다. 또 유일한 지원자이기도 했다. 감사히 채용했는데, 오마이갓! 정리의 달인이었다!

  그는 내가 대강대강 정리했다가 잊어버린 물건들, 안 팔리거나 몇 개 안 남아 박스에 쌓아 놓은 물건들을 하나하나 분류해서 "이건 왜 안 팔고 계세요?" 하며 묵힌 재고들을 꺼내 보였다. 채근하는 직원분의 말씀에 할 말이 없어서 다시 재고들을 닦아서 내놓기 시작했다.

그가 가게에 출근하자, 가게는 날로 반짝반짝해졌다. 티셔츠도 매번 박스에서 하나하나 꺼내 사이즈별로 찾기 일쑤였는데 박스별로 인덱스를 달아 칸칸이 정리하는 모습에 나도 모르게 "우리 집도 좀 와 줄래요?"라는 말이 나올 뻔했다. 한때 문방구 히트 상품이었던 테트라포트 굿즈도 그가 금형을 떠서 만든 거였다.

물론 울릉도의 특성상 직원분이 육지로 장기간 나가야 하는 일이 생길 때는 그 공백을 내가 채워야 하지만, 그보다도 내 공백을 채워 주는 직원의 등장에 가게 일이 많이 덜어지고, 의지가 됐다. 백지장도 맞들면 낫다는 말이 괜히 있는 게 아닌 모양이다.

금손 직원님께서는 이후 셋째를 임신하며 아쉽게도 문방구를 떠나야 했다. 언젠가 또 서로에게 좋은 영향을 줄 수 있는 인연을 만나기를 꿈꾼다.

폭풍은 뒤늦게 알아차리는 법

울릉도를 방문하는 손님들의 성격이 다시 변했다. 특히 팬데믹과 그 이후 엔데믹까지, 그 시간동안은 매일매일이 예측할 수도, 변화를 이해할 수도 없는 파도의 중심에 서 있는 기분이었다. 데이터가 없어서라기보다는 세상의 변화가 한 치 앞도 예상할 수 없이 돌아간 탓이다. 게다가 어느새 급부상한 유튜브는 새로운 트렌드와 기회를 만들어 냈다. 그러던 중에 2023년에 한 유튜버가 "울릉도는 식당에서 혼밥이 안 된다?"는 섬네일로 콘텐츠를 올린 것이 크게 화제가 됐다. "1인 식사는 안 됩니다"라는 종업원의 반응에 많은 사람이 분노했고, 뉴스에서도 울릉도 식당의 문제를 다루기 시작했다. 기사와 유튜브에는 '절대 울릉도 여행을 가지 말자'라는 댓글이 즐비했고, 울릉도 여행을 꺼리는 분위기가 한동안 지배적이었다. 당연히 관광객이 급감했다.

    그러던 차에 한 아나운서가 울릉도가 너무 좋다며 집을 구하겠다고 며칠 울릉도에 머물며 임장을 하는 것을 보여 주는 방송이 인기를 끌자 또 많은 캠핑족이 줄지어 울릉도를 방문했다.

이 사건들이 불과 두 달 여 사이에 벌어졌다. 어떤 사건으로 갑자기 욕을 먹을지, 또 어떤 인플루언서가 다녀가 '인생 여행지'가 될지 아무도 알 수 없었다.

업력이 쌓일수록 관록이 붙어야 하건만, 독도문방구 문을 연 지도 곧 10년이 다 되어 가는데도 나는 시간이 갈수록 더욱 모호해지는 느낌이었다. 내가 너무 도시와 동떨어진 섬에 살고 있어 뒤처지는 건 아닐까? 걱정이 또 샘솟았다.

살아남기 위해 독도문방구는 앞으로 또 뭘 해야 하는 걸까? 고민하던 차에 눈에 들어오는 지원사업이 있었다.

사실 둘째를 낳은 뒤론 1년 단위의 지원사업은 한 번도 해 본 적이 없다. 당장 육아만으로 힘들기도 했고, 특히 서류 작업에 질려 버렸다. 계산서부터 증빙 서류도 이중으로 받아야 하는 데다 결과물을 만들었다는 보고서까지 업체에 요청하면 서로 얼굴을 붉히게 되는 경우가 많았다. 지원사업을 하다 보면 그만큼 엄청난 서류의 양에 "역시, 공짜는 없다"며 진을 뺐더니 다시 지원사업을 할 엄두가 나지 않았다. 게다가 어느새 시간이 흘러 내 나이도 마흔을 넘겼으니, 39세가 마지노선인 각종 청년 관련 사업에 더 이상 지원이 불가능했다.

그런 내 눈에 밟힌 사업이 있었으니 다름 아닌 '강한소상공인 성장지원사업'이었다. 작은 가게를 운영하는 지역의 소상공인과 지역의 크리에이터가 협업하여 '신상품'을 만드는 사업이라고 했다.

'오! 괜찮겠는데?'

마침 내 머릿속에는 해 보고 싶은 프로젝트가 하나 있었다. 그래서 힐끗 응모 요강을 확인하곤 '내가 1차 통과나 되겠어?' 하는 아주 가벼운 마음으로 서류를 냈다. 무려 5년 만에 지원한 사업이었다. 이날 제대로 응모 요강을 살피지 않은 내 불찰이 몰고 올 후폭풍을 그땐 미처 알지 못했다.

내가 지원사업에 제시한 로컬의 문제점은 독도문방구와 아무 상관이 없는 고로쇠 수액이었다. 때는 3월, '섬의 날'이라는 첫 국가 행사를 개최하게 된 울릉도에서 기자 간담회를 열었는데, 한 군의원이 나리분지 우산고로쇠 수액이 올해 판매가 부진해 집집마다 최소 몇백 킬로그램씩 재고가 있으니 행사 때 귀빈들에게 이 고로쇠 수액을 대접해 소진하자는 아이디어를 냈다. 그때 울릉도의 고로쇠 수액 재고 문제를 처음 접했다.

고로쇠 수액은 순수한 자연의 산물이기에 일 년에 딱 60일만 생산된다. 보존제 없이 UV살균만으로 유통되기에 유통기한도 열흘 정도로 짧다. 지리산과 울릉도를 제외하고는 생산되는 곳이 많지 않다. 특히 우산고로쇠는 육지와 멀리 떨어져 있다 보니 다른 나무와의 교잡종이 생기지 않아, 전 세계에서 유일하게 울릉도에서만 자라는 특산식물종이다. 당도와 무기질 함량도 육지 고로쇠보다 탁월하고 특히나 인삼향이

나서 다른 고로쇠와 차별화된다.

  그래서 나는 매년 고마운 사람들에게 개인적인 설 선물로 보내고 있다. 음력 설 명절 무렵에 울릉도 원시림 설산에서 출시되는 고로쇠 수액은 미네랄이 풍부해 슬슬 건강을 염려하는 40대 이상의 지인들에게 늘 호평을 받는다. 시골에 계신 부모님이 생각난다며 생산 농가를 알려 달라는 사람도 많았기에 나름 농가의 판로 확대에도 조금이나마 기여하고 있다는 자부심도 있었다. 그런데 늘 잘 팔리기만 하는 줄 알았던 고로쇠가 팬데믹을 기점으로 오히려 판매량이 급감했단다!

  고로쇠를 이용한 가공식품을 만들어 재고를 해소하는 것으로 지원사업을 신청했다. 가공을 하면 유통기한도 길어지니 고로쇠 수액을 버리는 일도 없으리라.

  그런데 수액으로 뭘 만들지? 면접장에서도 전문가 F&B 그룹을 파트너사로 만나 우산고로쇠 가공식품을 만들겠다는 포부만 밝혔다. 오히려 심사위원들이 다양한 아이디어를 제시하기도 했다. 성분만으로 본다면 건강 음료로 만들 수도 있겠다는 아이디어도 나왔고 다양한 가능성과 염려되는 부분들을 지적했다.

  그렇게 서류가 통과되고, 오디션이 남았다. 극한의 내향형 사람인 나는 사람들 앞에서 말하는 것 자체가 무척 겁이

났지만, 어찌어찌 무사히 발표했고 아이디어가 꽤 괜찮았던 건지 상위권으로 1차 오디션을 통과했다.

  그렇게 정신을 차려 보니 지원금이 나왔다. 큰일이다! 이제 두 달 안에 고로쇠를 사용한 신상품을 만들어야 했다.

≋≋≋
울릉 주모 탄생

겁 없이 사업에 공모하고, 오디션을 통과해 지원금까지 타 두었는데… 막상 두 달 안에 고로쇠 수액으로 상품을 만들려니 이렇다 할 아이디어가 없었다. 대체 뭘 만들지? 고민을 거듭하다가 괜히 지원사업을 신청했나 슬그머니 후회가 몰려올 즈음, 울릉도에 놀러온 한 푸드칼럼니스트가 건넨 말이 귀에 쏙 박혔다.

"요즘 육지에서는 수제 맥주가 유행이에요!"

술! 술이야말로 지역 상품으로 개발하는 인기 아이템이 아니던가. 부산 갈매기브루잉, 인천 개항로맥주 같은 수제 맥주는 물론이거니와 막걸리와 전통주 시장도 확대되고 있었다. 그렇담 울릉도에서 수제 막걸리를 만들어 보면 어떨까? 자연스럽게 생각이 막걸리 쪽으로 흘러갔다. 그래, 고로쇠 막걸리를 만드는 거다!

지인을 통해 지역 특산물을 넣은 다양한 막걸리를 개발한 이력이 있는 양조장을 소개받았다. 우주는 결국 이렇게 연결되는 것인가? 팝업스토어를 할 때 짬을 내 방문했던 연희동의 '같이양조장'이었다. 인연설을 믿으며 바로 계약했다.

2010년 결혼한 이래 이렇게 자주 배를 타고 육지에 들락거린 적이 없었을 만큼, 일주일에 한 번씩 서울, 제주, 부산을 종횡무진 오가며 막걸리를 시음하고 교육에 참석하고 디자인 회의를 하고, 유명한 지역 수제 막걸리를 사 마셨다. 두 번 다시 할 수 없을 것 같은 고강도의 일정이었다. 지금껏 독도문방구를 어떻게 운영하든 지켜보기만 했던 친정 엄마가 내게 "미친 것 같다"고 표현할 정도였다.
　'호박엿 고로쇠 막걸리'로 맛을 결정한 뒤, 시제품 출시일을 9월 추석으로 잡았다. 추석 성수기라면 수요가 높을 때니 판매도 한결 쉬울 듯했고 고객반응도 살펴볼 수 있겠지! 10월 초에 있을 2차 오디션 전에 대중의 피드백을 받아 볼 수 있는 마지막 시기이기도 했다.
　스튜디오에서 제품 촬영을 마치고 보도자료도 준비했다. 영화 개봉을 준비할 때처럼 보름 전부터 날짜별로 보도자료, 제품, 사진 공개 계획을 촘촘하게 짰다. 마침내 한 달 넘게 골머리를 싸맸던 브랜딩 '울릉주모'를 공개했다.
　때마침 나리분지에서 가을밤 은하수를 보는 '나리, 빛나는 밤에 만나요'라는 야간투어 프로그램을 울릉군청에서 열었고 이 프로그램의 버스킹 공연 중에 울릉주모 호박엿 막걸리를 시음할 수 있는 부스를 얻었다. 출시에 맞춘 홍보가 힘을 얻었는지 시제품 300병은 한 달여 만에 완판이 되었고, 신제품 개발과 성과를 발표한 2차 오디션에서 나는 최종 TOP10 기업,

그것도 2위 장관상을 받았다.

  그해 12월, DDP에서 열린 '대한민국 동행축제'에 참여했다가 갑자기 시상식에 올라가야 한다는 소식을 들었다. 독도문방구가 TOP10 기업 중에서도 2등이어서 이영 중기부 장관이 직접 시상을 한다고 말이다. 이런 사실을 시상 당일에서야 알려 주다니! 나는 청바지에 독도 후드티셔츠를 입고 시상식에 올라야 했다.
  지원사업으로 말미암아 시작한 막걸리지만, 막상 제품을 만들고 나니 다른 막걸리도 만들고 싶은 욕심이 생겼다. 울릉도에는 이제 이어져 내려오는 오래된 양조장이 하나도 없다. 막걸리 학교에 다니며 이론적인 공부를 병행하고 탁주 제조 면허를 따야지! 울릉도 특산물로 막걸리 시리즈를, 울릉도 양조장을 만들겠다는 포부를 품으며 오늘도 새로운 꿈을 꾼다.

매력적인 동네를 만든다는 것

 인생에는 늘 수없이 많은 고비가 찾아온다. 성장만화의 한 장면처럼 강한 적이 나타나고 한 차례 성장하고 나면 또 새로운 위기가 찾아온다. 2025년, 울릉도 관광에 큰 적신호가 찾아왔다.
 우선, 내가 저동으로 독도문방구를 옮기게 한 이유였던 강릉과 저동을 오가는 여객선이 올해를 끝으로 더 이상 운항되지 않는다는 뉴스가 청천벽력처럼 들려왔다. 수도권 청년 손님들을 실어 나르던 강릉행 여객선이 사라진다는 건 큰 비보가 아닐 수 없었다. 거기에 더해 온 울릉도를 들썩이게 하는 사건이 일어났으니, 울릉도 한 식당에서 비계로 가득한 삼겹살을 내놓았다며 바가지 논란이 일어난 것이다. 울릉도로 향하던 발길이 끊기고, 울릉도 안에서도 반성의 목소리와 마녀사냥을 하는 혼란한 시기였다.
 뼈저리게 느낀 것 같다. 아무리 나 혼자 잘한들 결국 독도문방구는 울릉도라는 지역에 소속되어 있으며, 울릉도를 찾는 이가 없으면 독도문방구를 방문하는 고객들도 사라진다는 위기감을 몸소 체감했다. 지역과 나는 떼려야 뗄 수

* 195

없는 관계인 것이다.

　울릉도에 가지 말아야 할 이유보다 울릉도에 가야 할 이유가 필요했다. 관광지는 차치하고라도 매력적인 공간과 선택지가 적어도 열 개는 되어야 울릉도에 오고 싶은 마음이 들지 않을까? 독도문방구만을 보기 위해 울릉도 여행을 작정하는 사람은 없을 것이다.

　팬데믹 시기에 울릉도에 카페 등 창업 열풍이 일었던 것처럼, 그와 버금가게 다양한 사람들이 저마다 새로운 아이템으로 창업해 매력적인 가게들이 늘어나야 독도 갔다가 울릉도로 돌아와 수제 맥주도 마시고, 또 에메랄드빛 바다에서 스노클링하다가 카페에 들러 인증 사진을 찍고, 독도문방구에 들러 기념품을 사는 계획을 짤 것이 아닌가?

　이때 로컬 브랜드의 대표들이 모인 단체 로컬브랜드포럼(이하 LBF)을 알게 되었다. 마침 열리는 LBF의 정기총회에서 인상 깊은 강연을 들었다. 충주에 자리한 카페 '세상상회'의 이야기였다.

　세상상회의 이상창 대표는 연고지가 아닌 충주에 내려와 카페를 운영하면서 손님들이 찾아오도록 이벤트를 도모하고 지역 청년들에게 창업을 할 수 있도록 지원사업을 도와줬다. 그들은 세상상회가 자리한 구도심에 가게를 차리기 시작했고 이윽고 이곳은 사람으로 붐비기 시작했다. 한 카페가 청년 가게들이 모이는 골목의 구심점이 되다니!

나는 독도문방구가 유명해지고, 타기업과 협업해 흥미롭게 독도를 알리면, 비슷한 일을 하고자 울릉도에 정착하는 청년들이 있을 거라고 생각했다. 내가 마중물 역할을 할 수 있을 거라고 말이다. 실제로 울릉도에 새로이 정착한 창작자들이나 경력단절 여성들과 콜라보한 제품들을 판매하면서 그들의 울릉도 정착을 도왔다고 은근 자부심이 있었다. 세상상회의 이야기를 통해 보다 큰 방향에서의 실마리를 잡은 듯한 기분이었다.

내 나이 마흔이 넘어서면서부터 이제 나는 청년을 대상으로 하는 대부분의 정부 지원사업에 더 이상 참여할 수 없는 연령이 됐다. 그렇지만 그간 지원사업에 참여한 요령을 살려 창업자금이 부족한 이들에게 지원사업 서류를 쓰는 방법이나 정보를 알려 줄 수 있지 않을까? 이렇게 창업한 이들이 노마도르가 운영하는 영화제처럼 지역에서 다양한 활동들을 해 나갈 수 있다면? 나와 같은 뜻을 가진 이들이 그들의 멘토가 되어 함께 돕고 재미있는 일을 작당한다면? 이렇게 실바람이 모이고 모이면 울릉도에 큰바람을 불러올 수 있지 않을까?

그것이 울릉도에 찾아와야 할 열 가지 매력이 될 수 있지 않을까 하는 희망이 자연스럽게 생기기 시작했다.

내가 울릉도로 온 이유

내가 LBF에 가입했을 무렵 울릉브루어리의 정성훈 대표도 비슷한 시기에 LBF에 가입했다. 그와는 오랫동안 얼굴과 이름만 알던 사이였다.

2025년 봄, 누가 먼저랄 것도 없이 서로에게 연락을 했다. 청년들이라도 모임을 만들어 울릉도 안에서 변화를 만들어야 할 때라고 이구동성으로 외쳤다. 같은 마음을 품고 있는 동료가 있다는 것은 얼마나 큰 힘이 되는지 모른다. 우리는 청년들의 창업지원이나 주거 보조가 전혀 없는 울릉도에서 청년을 위한 정책이 마련될 수 있기를 바라며 한 단체를 만들었다. 2025년 5월, 한마음으로 10여 명의 회원이 모인 단체의 정체는 '울릉청년 소상공인포럼'. 5년 안에 울릉도의 정체성을 담은 브랜드 50개를 만들어 보겠노라는 허세 가득한 포부를 담았다.

'청년기본법'에 따른 청년의 나이 기준은 19~34세이지만 울릉군에서는 2025년에 조례개정을 통해 청년 기준을 49세로 상향조정했다. 이제는 장년인 줄 알았던 내가 다시 청년이 됐다. 울릉군에서는 실질적인 청년정책을 도출해 보고자 울릉청년정책참여단을 만들었고, 단 하나라도 청년지원정책이 만들어지는 데 힘을 보태고 싶어 난 단체의 단장을 맡았다.

울릉도 관광 악화로 매출은 줄었는데 여러 활동을 하다 보니 예년보다 더 바빴다. 일은 일을 불러온다고 하더니, 계속해서 새로운 일들이 찾아왔다. 다름 아닌 LBF에서 울릉도로 워크숍을 온다는 것이다. 처음 울릉도를 찾아온다는 말을 들었을 때는 '설마 오겠어' 하고 웃어넘겼는데 정말 온다고 하니 발등에 불이 떨어진 듯했다. 전국에서 내로라하는 로컬 브랜드의 대표들이 모인 단체이니만큼 울릉도의 매력을 다 선보여야 한다는 의무감이 들었다. 그런데 새벽 6시에 도착한단다! 모든 가게며 박물관이 문을 닫은 그 시간을 어떻게 보내야 하지?

2박 3일의 일정을 세우기 위해 독도문방구가 있는 저동을 주도면밀하게 살펴보았다. 그런데 이곳에서 생활하는 익숙한 주민의 시선이 아니라 '가이드'라는 필터를 끼고 동네를 둘러보니 미처 깨닫지 못한 풍경들이 눈에 들어왔다. 10년 전 처음 울릉도로 돌아왔을 때 변하지 않은 모습에 놀랐던 것과 달리, 이제는 울릉도의 옛 모습이 너무 많이 사라진 것이다. 1970년대에 300여 척이 넘던 어선들은 이젠 감척 사업으로 100여 척도 채 남지 않았다. 어렸을 때만 해도 빨간 대야에 가득 담아 호객하며 팔던 흔한 오징어는 자취를 감추어 금징어가 되었다. 오징어 배를 따는 어머님들의 손놀림은 여전했지만, 그분들의 연세가 이제 일흔이다. 어머님들이 돌아가시면 오징어 배 따는 기술 또한 사라지리라.

  울릉도의 유산 또한 사라질 위기에 처했다는 걸 뒤늦게 알았다. 수협냉동창고 앞에는 각 어선에 얼음을 부어 주는 기능을 하던 펭귄 구조물이 있다. 저동항 공사를 앞두고 철거 예정이었다는 걸 알고는 펭귄 구조물을 지키자는 취지로 SNS 글을 올렸다. 다행히 이 글이 기사화되며 유산을 지키는 방향으로 계획이 변경되었다.

  이외에도 내가 모르는 사이 사라진 이야기, 미처 소중한지 눈치 채지 못하고 넘긴 풍경이 많을 것이다. 청년들과 함께 이 이야기를 계속 찾고 전할 수 있지 않을까? 때로는 독도문방구에서 만들어 내는 상품들로, 새로이 터를 잡은 청년들이 자신만의 방식으로 이 이야기들을 전해갈 수 있기를 꿈꾼다.

  "그래서 내가 여기에 오게 됐구나."

  내가 울릉도에 돌아와 살게 된 연유를 비로소 알게 된 것 같다.

여행은 역시 지역의 맛을 즐겨야 하는 법

울릉도는 부지깽이, 명이, 엉겅퀴, 머위, 달래 등 온갖 나물들이 풍성해 채식주의자를 위해 추천할 먹거리도 많다. 그래도 마음먹고 찾아와야 하는 울릉도이니만큼 트럼프 대통령 방한 때 만찬에 나왔다는 독도새우는 꼭 한 번 맛보시라고 권하고 싶다. 독도새우는 도화새우, 닭새우, 꽃새우 세 종류를 통칭하는데 생김새도 맛도 조금씩 다르다. 독도새우 전문 식당에 4시쯤에 연락하면 그날의 판매 여부와 예약 상황을 확인할 수 있다. 그날 독도 인근에서 조업한 새우를 바로 먹을 수 있다.

모든 식당에서 몸은 회로, 머리는 튀김으로 튀겨 준다. 워낙 비싸서 울릉도에 사는 나조차도 귀한 손님 오셨을 때만 모시고 가서 맛본다. 그 외에 추천하고 싶은 음식으로는 아래의 것들이 있다.

나리분지 산채비빔밥
나리분지에서 나는 다양한 산채들을 한번에 맛볼 수 있다. 자가용 없이 갔다면 나리분지에서만 파는 씨껍데기 막걸리와 파전도 꼭 같이 드시라 권하고 싶다.

물회
울릉도 물회는 두 가지 방식이 있다. 육수에 회를 얹어 먹는 방식과 재료에 고추장을 넣어 비빈 다음 물이나 육수를 부어 먹는 방식이다. 물회를 파는 식당들은 대부분 해안일주로에 위치하고 있어 맛과 풍경을 모두 즐길 수 있다.

추산 울릉브루어리
울릉도 식수원인 추산 용출소 바로 아래 송곳산 기슭에 자리 잡고 화산 암반수로 수제 맥주를 만든다. 울릉도 특산재료를 이용한 증류주 등 맥주에 국한되지 않고 다양한 주류를 선보일 예정이라고 하니, 또 찾아갈 이유가 충분하다.

맛있게 배를 든든하게 채웠다면!

계절마다 열리는 다양한 축제나 프로그램에 참여하는 것도 좋다. 그중에서도 이 영화제를 꼭 즐겨 보시라 추천하고 싶다.

우리나라 가장 동쪽 영화제
울릉도 1세대 이주 로컬크리에이터 노마도르가 주최하는 야외 영화제다. 매년 8월 초 현포항 앞에서 영화 상영이 이어진다. 공식 스폰서도 없이 지인들의 도움과 울릉도 내 작은 가게들의 후원으로 지금까지 이어져 왔다. 한여름 밤 단편영화의 매력에 빠져 보자!

에필로그
오래도록 문방구를 지키는 할머니

처음 독도문방구를 열 때는 10년 넘게 이곳을 운영하는 나의
모습을 그려 본 적이 없었다. 그때는 하루하루 생존하기에
바빠 가까운 미래도 생각할 겨를이 없었다. 그 바쁜 와중에도
더 배우고 싶고, 또 더 만들어 내야 할 것들에 눈이 가던 걸
떠올리니 내가 이 일을 얼마나 사랑하는지, 울릉도에서
살아간다는 것에 어떤 사명감을 품고 있는지 새삼 느낀다.

올해 초, 둘째 아들 초등학교 신입생이 10명 남짓이라는
소식을 들었다. 이웃 초등학교는 이번 신입생이 불과
3명이라고 한다. 인구소멸은 이제 너무나 흔한 말이 되었지만
경북권에서도 그 정도가 가장 심각한 곳이 바로 울릉도다.

울릉도에서 끊임없이 일을 벌이고 상품을 만드는 이유는
독도문방구의 성장을 위해서이기도 하지만 나의 고향 나의
울릉도가 계속 존재하게 하려는 몸부림이다.

일을 지속하며 이제는 앞으로 10년 뒤, 또 10년 뒤의
내 모습을 그려 볼 수 있게 된 것 같다. 내가 꿈꾸는
독도문방구의 미래가, 울릉도의 풍경이 있다. 그 풍경을 현실로
이루기 위해서는 앞으로도 계속해서 공부하고, 이웃과 함께

연대해야 할 것이다.

  그 과정에서 누군가 독도문방구를 통해 울릉도를 재미있는 공간이다, 같이 할 만한 일이 있을까? 생각하게 된다면, 그래서 청년들이 울릉도에 오게 된다면, 그 어떤 것보다도 값어치 있는 보상이 될 것 같다.

  언젠가 이런 생각을 한 적이 있다.
  '나는 할머니가 될 때까지 독도문방구를 할 수 있을까?'
  '하고 싶다'고 늘 생각했는데 이제는 확신을 가지고 말할 수 있을 것 같다. 흰머리 성성한 내성적인 할머니가 직접 만든 상품과 간식을 건네는 곳, 동네 아이들과 청년들과 울릉도를 사랑하는 이들이 모여드는 독도문방구를 계속 지키고 있겠다고. 그러니 여러분도 언젠가는 이곳에 와 보시라고.

도서출판 남해의봄날 로컬북스 37

이웃한 도시라도 자세히 들여다보면 서로 다른 자연과 문화, 아름다움을 품고 있습니다. 독특한 개성을 간직한 크고 작은 도시의 매력, 그리고 지역에 애정을 갖고 뿌리내려 살아가는 사람들의 이야기를 남해의봄날이 하나씩 찾아내어 함께 나누겠습니다.

우리가 지켜야 할 것을 만듭니다!
웰컴 투 독도문방구

초판 1쇄 펴낸날 ≈ 2025년 11월 3일

글 ≈ 김민정	펴낸이 ≈ 정은영 편집인
고마운 분 ≈ 홍단단 작가, 육아동지 박남주, 씨씨스튜디오 박수진	펴낸곳 ≈ (주)남해의봄날 경상남도 통영시 봉수1길 12
편집인 ≈ 천혜란 책임편집, 박소희	전화 ≈ 055 - 646 - 0512
마케팅 ≈ 조윤나	팩스 ≈ 055 - 646 - 0513
디자인 ≈ 이기준	이메일 ≈ books@nambom.com
인쇄 ≈ 펌피앤피	페이스북 ≈ /namhaebomnal
	인스타그램 ≈ @namhaebomnal
	블로그 ≈ blog.naver.com/namhaebomnal

ISBN 979 - 11 - 93027 - 57 - 8 03810
© 김민정, 2025

남해의봄날에서 펴낸 아흔세 번째 책을 구입해 주시고, 읽어 주신 독자 여러분께 감사의 마음을 전합니다. 이 책은 저작권법에 따라 보호받는 저작물이므로 무단 전재와 무단 복제를 금하며 이 책 내용의 전부 또는 일부를 이용하려면 반드시 저작권자와 남해의봄날 서면 동의를 받아야 합니다. 파본이나 잘못 만들어진 책은 구입하신 곳에서 교환해 드리며 책을 읽은 후 소감이나 의견을 보내주시면 소중히 받고, 새기겠습니다. 고맙습니다.